O não judeu judeu

F✷SF✷R✷

MICHEL GHERMAN

# O não judeu judeu

A tentativa de colonização
do judaísmo pelo bolsonarismo

*Prefácio*
MISHA KLEIN

*Para Renata (Renée) e Milton (Menachem),
que deram régua e compasso*

*Para Maya e Ilana, companhias na viagem*

PREFÁCIO
9 *Misha Klein*

15 APRESENTAÇÃO

21 Fantasmas na porta da Hebraica
54 Judeus no Brasil
77 Um discurso e os convertidos
95 Judeus e a modernidade: tensões e criatividade
105 Bolsonarismo, racismo e a extrema direita: judeus como metáfora do Brasil
117 Olavismo como bússola
160 Epílogo

166 NOTAS
176 REFERÊNCIAS BIBLIOGRÁFICAS
182 ÍNDICE REMISSIVO

# Prefácio

Michel Gherman e eu começamos a trabalhar juntos porque nos demos conta de que algo estava acontecendo. Nós dois havíamos feito trabalhos sobre assuntos ligados aos judeus brasileiros, mas em 2015 tínhamos a sensação de testemunhar uma transformação. Minha pesquisa revelou que, ao longo do século 20, os judeus se enquadraram no esquema da ideologia da democracia racial brasileira, o que permitiu que essa comunidade diversa se encontrasse em um meio aparentemente flexível e tolerante (pelo menos para quem pudesse ser considerado nos limites "brancos" do contínuo da cor, e assim desfrutar dos benefícios de uma sociedade desigual). Entretanto, Michel me chamou a atenção para mudanças nítidas que tiveram início logo depois de concluída minha pesquisa — por exemplo, a implementação de cotas raciais no ensino superior e no emprego federal, que alterou não só a política racial, mas a maneira de pensar raça no país. Então resolvemos explorar juntos as implicações desse novo cenário para a comunidade judaica, com o entendimento de que, plural embora pequena, ela nos daria insights sobre os processos em curso, considerados seus significados simbólicos ao longo da história do Brasil.

Aprofundamos a pesquisa, que foi se transformando diante de nós. Levantamos perguntas e linhas de análise que não tínhamos como prever, tais como a importância de eventos internacionais dentro da sociedade brasileira. A Conferência Internacional Contra Racismo, Discriminação Racial, Xenofobia e Intolerâncias Relacionadas, realizada pela ONU em Durban, África do Sul, em 2001, foi um desses exemplos. Praticamente ignorada pelo resto do mundo, seus efeitos profundos foram silenciados pelo fato de ter sido realizada dias antes dos ataques de Onze de Setembro, nos Estados Unidos. A essa coincidência temporal se somam questões ideológicas, pois a agenda da conferência foi sequestrada pelo conflito Israel/Palestina — com acusações concorrentes de racismo contra os palestinos e de antissemitismo contra os israelenses —, enquanto no Brasil as declarações e propostas do encontro levaram a transformações na política racial do país, com fortes reverberações sociais. Em outras palavras, ficou claro que não se pode tratar da história brasileira sem considerar os eventos geopolíticos mundiais e a circulação internacional de discursos ideológicos.

Outro fator importante na transformação da nossa pesquisa foi o transtorno político que se desencadeou no Brasil sucessivamente, da Operação Lava Jato ao impeachment de Dilma Rousseff, da presidência tumultuosa de Temer às preparações para as eleições presidenciais de 2018. Como em muitas outras partes do mundo, política e sociedade brasileiras se mostraram vulneráveis às polarizações — um desafio à famosa cordialidade — e surgiram posições e filosofias políticas extremistas. Ainda em 2017, andando pelo Rio de Janeiro, me deparei com bancas de jornal com múltiplas publicações estampando imagens de ninguém menos do que Adolf Hitler, e vários outros personagens e ícones da Segunda Guerra Mundial e, especificamente, do nazismo. Me chamou a atenção essa aparente obsessão tão fora de tempo e lugar, sem que eu ainda entendesse como retornava a lógica venenosa dos fascistas daquela época, como já estava circulando uma retórica erguida diretamente das páginas daquela história.

Naquela noite em abril de 2017, participamos de um evento transformador. Para nós, era óbvio que algo estranho estava acontecendo quando ouvimos que um personagem tão ofensivo, tão pronto para ofender, uma pessoa tão explícita em seu desprezo por tantos grupos minoritários e minorizados, um político de carreira já acusado de tendências fascistas fora convidado para falar num clube judaico. Mais ainda, o convite viera do presidente desse clube "em nome da comunidade", apesar de objeções e protestos. Aquela noite, como costumamos chamá-la, foi um divisor de águas na comunidade e um ponto de transição na nossa pesquisa. Daí entendemos que o que estava em jogo era a própria definição e formação da comunidade judaica e seu lugar dentro da sociedade brasileira. Além disso, como Michel Gherman bem explica neste ensaio, presenciamos a transformação na base de uma comunidade. Partindo das bases ancestrais e culturais, surgiu aí — ou melhor, revelou-se naquela noite — uma nova comunidade baseada em uma ideologia política que se apropria de certos grupos com propostas políticas e rejeita outros. Extraordinariamente, sem nenhuma objeção de seus líderes, a comunidade foi utilizada por elementos externos que queriam fazer avançar agendas religiosas e políticas e, mais ainda, determinar como ela deveria se comportar. Entendemos também que o judeu, que Israel, que a judeidade que está em jogo para esses atores trata de um judeu imaginário, um Israel imaginário, ou seja, uma série de projeções para suas propostas, e não uma reflexão ou resposta aos judeus modernos atuais, nem ao moderno Estado de Israel, com todas as suas complicações e contradições. Eis um filossemitismo que prescinde dos judeus.

A nossa insistência em focalizar assuntos judaicos não parte simplesmente de interesses pessoais ou acadêmicos. Aliás, tanto eu como Michel trabalhamos em contrafluxo quando se leva em conta o campo de estudos judaicos. Por exemplo, não presumimos uma definição fixa de "judeu", e partimos de um enquadramento cultural mais abrangente, entendendo judeus como partes integrantes das sociedades onde vivem. Aproveitando a formulação do antropólogo francês Claude Lévi-Strauss, para nós, os judeus são "bons para pensar", ou seja, por serem oblíquos, nos levam a análises menos óbvias. Mas o que nos obriga a continuar nessa linha de pesquisa é a obsessão com a ideia de judeus, de judaísmo e de Israel nas manifestações variadas da extrema direita. Quando vemos bandeiras israelenses em manifestações nacionalistas da direita, quando os filhos políticos de um político que se autoproclamam patriotas portam camisetas do Exército e serviço secreto de um outro país (aliás, um ato que levaria um judeu a ser acusado de traição), e quando a retórica desses políticos e seus orientadores está cheia de referências a esses temas, temos de nos aprofundar.

Neste *O não judeu judeu*, Michel Gherman nos oferece reflexões baseadas em suas experiências pessoais e nos resultados de vários projetos de pesquisa. A partir de tais vivências, vemos que ele nunca presumiu nem levou em conta uma judeidade monolítica nem homogênea. "Filho da diáspora", Michel Gherman nasceu em plena ditadura e amadureceu com o renascimento da democracia brasileira. Os detalhes da vida mostram o entrelaçamento de biografia e história para um historiador do presente. Outros judeus brasileiros têm explorado suas experiências como judeus e brasileiros, estudiosos como Anita Novinsky e Jacó Guinsburg, por exemplo. Outros, como o rabino Nilton Bonder e Bernardo Sorj, e autores como Moacyr Scliar, já ofereceram perspectivas do significado do encontro entre judaísmo/judeidade e brasilidade. Porém, não temos visto até então reflexões particulares e acadêmicas de alguém da geração do Gherman, judeus brasileiros que frequentavam escolas seculares (ou até paroquiais), judeus brasileiros cujo sentido de si mesmos está enraizado nos anos de chumbo, judeus brasileiros com fortes identidades judaicas e laços profundos com Israel, uma geração com origens e formações judaicas misturadas, e uma geração cuja identidade brasileira é primária. E essa perspectiva nos mostra como o Brasil de hoje continua na sombra da ditadura e como as ideologias odiosas que levaram ao Holocausto continuam a ameaçar o mundo. Aqui, Michel Gherman nos proporciona as ferramentas para entender o momento atual e não cair na armadilha de nos deixar seduzir pela retórica cínica dos fascistas.

MISHA KLEIN
*É professora de antropologia na Universidade de Oklahoma, EUA, pesquisadora da relação entre identidade étnica e nacional e autora de* Kosher Feijoada and Other Paradoxes of Jewish Life in São Paulo [Feijoada kosher e outros paradoxos da vida judaica em São Paulo] *(University Press of Florida, 2012)*

# Apresentação

Sou filho das diásporas judaicas. Literalmente, filho das diásporas. Nasci e cresci no Rio de Janeiro. Meu pai, nascido no subúrbio da capital fluminense em 1943, ashkenazita, secular e de esquerda, vindo de uma família muito pobre, olhava para a identidade judaica como uma espécie de trunfo identitário. Ele sempre foi um judeu cultural, que vivia entre o iídiche e o hebraico, entre o sionismo e o universalismo socialista, entre demandas de paz com palestinos e a percepção de certa superioridade cultural europeia, orientalista, nos termos de Edward Said, que supunha um código generalista e preconceituoso de representação do "Oriente" e colonial perante árabes e os mesmos palestinos com quem imaginava ser possível a paz. Nesse contexto, as referências de espiritualidade ou da religião judaica eram tidas por ele como poluição cultural ou manifestações medíocres e fracas — ou seja, "bobagem de gente atrasada". Professor de Biologia, acreditava na ciência e na educação como referências absolutas e queria impor isso em casa.

Sua judeidade nunca nos impediu de circular pela brasilidade. Amigos não judeus e culturas não judaicas fizeram parte do menu cultural familiar. O samba, a política, a aversão à ditadura e o medo do antissemitismo completavam uma dimensão identitária em que o íntimo era estabelecido pelo que vinha de fora, e vice-versa. Judeus e não judeus ao mesmo tempo, éramos judeus justamente por sermos também não judeus.

Curiosamente, o judaísmo no seu sentido religioso e espiritual era interditado em casa pelo meu pai. Frequentávamos a sinagoga nas festas e, claro, eu fiz bar-mitzvá, mas, apesar de a casa ser profundamente judaica, era, ao mesmo tempo, laica, pois era difícil encontrar nela qualquer símbolo religioso. Não tínhamos mezuzá nas portas, preces nem candelabros nas paredes, e referências a hábitos religiosos judaicos eram praticamente banidas de nossa casa, ainda assim, profundamente judaica.

As referências religiosas e espirituais, como a escola religiosa, a frequência em sinagogas ortodoxas e o ativismo em um movimento juvenil sionista de direita e religioso, o Bnei Akiva, foram garantidas pela minha mãe, uma judia sefaradita[1] nascida no Líbano em 1949, com uma formação judaica e ideológica muito distinta daquela do meu pai.

Se a casa parecia secular e ashkenazita na ausência de símbolos, ela era religiosa e sefaradita em determinado conteúdo imaterial. Primeiro, em casa se comia em árabe. As comidas judaico-sefaraditas eram francamente dominantes. Mas havia mais que isso: os instrumentos judaicos que nos eram dados no lar eram mais religiosos do que seculares, mais sefaraditas do que ashkenazitas e, em algum sentido, mais médio-orientais do que europeus.

Enquanto o iídiche e o hebraico eram referências praticamente simbólicas, com palavras eventuais e piadas contadas em português com sotaque forçado, a língua estrangeira realmente falada era o árabe, ou melhor, um árabe judeu com algumas pitadas de francês. Pode-se dizer que falar árabe em casa significava marcar os *nós* e os *eles*. Os "judeus de verdade" e os "russos", nós e os *goym* (termo pejorativo para não judeus), os que entendiam o idioma judeu-libanês e os que não falavam árabe.

Ao falar árabe, apartávamos as perspectivas orientalistas de meu pai, praticamente exilando-as, pois superstições, falas da sorte e outras coisas que constam das tradições judaico-libanesas cotidianas eram feitas sempre em árabe ou em francês, para que ele não percebesse.

Assim, a ideia de ser judeu e não judeu ao mesmo tempo, ou de deixar de ser quando eu quisesse, me capturou desde muito cedo. A possibilidade de estar dentro e fora, de poder sair e voltar, era bastante sedutora para mim.

Minha referência nesse sentido era Isaac Deutscher (1907-1967), escritor e ativista polonês e marxista que se exilou na Inglaterra antes da Segunda Guerra Mundial e que se tornara conhecido em razão de sua biografia de Trótski. A transcrição de seus discursos em iídiche para multidões que se interessavam pela revolução universal chamava muito minha atenção. Os discursos eram sedutores, não somente porque promoviam o socialismo, ao levar o sonho de um mundo diferente para as massas exploradas de pobres judeus poloneses famintos e desgraçados na Europa Oriental, mas também, o que é contraditório, por acabarem conduzindo Deutscher e seus companheiros de volta "para casa".

Ao escutar a alma judaica respondendo a seus chamados revolucionários, de alguma maneira Deutscher e seus camaradas voltavam para o iídiche, para a cultura judaica, para a saída do *cheder* (lugar de estudo infantil de alfabetização judaica) e do *talmud* (centro da tradição judaica ortodoxa: livros que concentram gerações de profundos debates, tanto filosóficos como legais, entre sábios).

Deutscher escreveu um ensaio curto e célebre em que apresentava o "judeu não judeu".[2] Nesse texto ele conseguiu traduzir o modelo da assimilação de judeus revolucionários na Europa, judeus que se integram à cultura do lugar em que vivem, mas que não abandonam a cultura judaica, não abandonam o ser judeu, o pensar judaico, definido pelo escritor judeu franco-tunisiano Albert Memmi (1920-2020), no artigo "Negritude and Judeity" [Negritude e judeidade] — um clássico da literatura pós-colonial —,[3] como judaísmo, judaicidade e judeidade, termos usados por ele para definir, respectivamente, a tradição judaica, o pertencimento judeu e o sentir-se judeu, relacionados com expressões da identificação judaica na modernidade.

Uma das referências modernas de identidade judaica, o "judaísmo" se estabelece em um modelo coerente de expressão identitária. Assim, ser judeu era, nesse sentido, estar vinculado institucional e doutrinariamente a referências judaicas: a religião, a cultura e a instituição em si.

Memmi, em um esforço consistente para definir-se como judeu, estabelece categorias que tentam instituir a identidade do judeu progressista, árabe, berbere, francófono, tunisiano e (talvez) sefaradita nas várias formas de ser judeu encontradas na modernidade. Nesses esforços, a percepção de uma identidade judaica, como se tivesse sido tatuada na alma, torna-se o elemento definidor. Sobre isso, Memmi não parece ter dúvidas: ele era judeu.

Claro, ele se sente judeu com base em suas referências. Assim, o "judaísmo" não faz sentido na experiência de Memmi. Nesse contexto, ele supõe haver outra expressão judaica institucional comunitária (eventualmente nacional) que aproxima o judeu de entidades judaicas, sem ter de aproximá-lo de dimensões doutrinárias. Também nesse caso, Memmi se vê como estrangeiro. Institucionalmente judaico ele não é. É universalista e ativista anticolonial.

Assim, Memmi estabelece outra categoria, que o faz ser judeu ao se ancorar na dimensão mais radical, a da subjetividade, do sentir-se judeu. Aqui, ele propõe a definição que adota para si, a de judeu vinculado a uma "judeidade" perene e radical. Ser judeu por sentir-se judeu. Por exercitar uma subjetividade judaica. Tal qual Deutscher, o Memmi diaspórico, francófono, árabe, anticolonial e sefaradita ilumina caminhos para pensares diferentes sobre outras formas de exercitar o judaísmo.

Desde o Rio de Janeiro, eu era um judeu não judeu exercitando minha judeidade; desde essa cidade eu me lembrava dessa gente, desses autores. Judeu e não judeu, religioso e secular, sefaradita e ashkenazita, brasileiro e sionista, tradicional e de esquerda — foi essa a identidade judaica que me permitiu perceber de maneira privilegiada os processos que levaram os judeus do Brasil a entrarem no olho do furacão do bolsonarismo ainda no início desse fenômeno.

Foi com essa bagagem que cheguei à porta da Hebraica do Rio de Janeiro no dia 3 de abril de 2017 e percebi judeus não judeus e "não judeus judeus" se estranharem publicamente e produzirem uma guerra cultural sem precedentes na história dos judeus do Brasil. É com essa perspectiva que leio as relações entre bolsonarismo e judaísmo desde que a candidatura de Jair Messias Bolsonaro à presidência despontou no espaço público brasileiro. E é tanto essa bagagem como essa perspectiva que pretendo discutir neste ensaio, sintomaticamente intitulado *O não judeu judeu*.

# Fantasmas na porta da Hebraica

Em hebraico, as palavras "aprender" e "ensinar" têm a mesma raiz (*Lilmod* e *Lelamed*); creio que essa seja uma forma etimológica de afirmar ato contínuo entre as duas atividades. Em hebraico, tal qual em outras línguas semitas, aponta-se para a ideia de que não é possível dividir as duas atividades: o professor (*melamed*) necessariamente tem que ser um estudante (*lamdan*), assim como o estudante precisa também ensinar em seu processo de aprendizado.

Escrevo essa pequena digressão etimológica, linguística e gramatical justamente para apresentar uma das lições que aprendi no ofício docente e que me foi útil para digerir o tema ao qual eu dedicava atenção e que acabaria por se transformar na pesquisa sobre a qual escrevo neste ensaio.

Refiro-me a um episódio ocorrido no Instituto de Filosofia e Ciências Sociais da Universidade Federal do Rio de Janeiro em uma aula do Departamento de História no mesmo ano de 2017. Debatíamos então o famoso livro *Pós-guerra: Uma história da Europa desde 1945*, de Tony Judt, o eminente historiador anglo-estadunidense da Europa no período subsequente à Segunda Guerra Mundial, falecido em 2010. Judeu ex-sionista de esquerda e famoso pelas posições críticas tanto a respeito de Israel como dos regimes socialistas aliados da ex-União Soviética, Judt era dono de um estilo polêmico e desafiador. Ao mesmo tempo, historiador minucioso e intelectual público, ele se posicionava sobre temas de seu tempo e se tornou uma das referências intelectuais para a compreensão do mundo pós-1945.

Como a disciplina era relacionada à historiografia do Holocausto, analisávamos a magnífica introdução de Judt para *Pós--guerra*, livro em que ele descreve uma visita que fizera a Viena, na Áustria. Ele narra as cenas observadas ao caminhar pelas ruas dessa cidade no início dos anos 1990, justamente quando os regimes comunistas do Leste Europeu estavam entrando em colapso. Como a dos imigrantes e refugiados recém-chegados dos antigos países comunistas: esperançosos e desesperados, eles pareciam vir, nas palavras do autor, "de um lugar em um passado distante".

Em uma virada repentina, entretanto, Judt passa a tratar de outra Europa. Observando ainda a Viena do final do século 20, o autor começa a enxergar outra cidade. Ou melhor, ele parece imaginar a mesma cidade em outros tempos, em um passado diferente.

Se a Europa quase pós-soviética produzia o encontro entre um passado e um presente que estava por vir, a Europa com a qual o texto se relacionava engendrava um passado de ausências, um passado quase esquecido e praticamente superado, recheado de fantasmas de um tempo em que judeus viveram em Viena. O autor, então, dialoga com comerciantes, professores, estudantes, crianças e músicos — homens e mulheres que haviam desaparecido quase sem deixar rastros na capital austríaca do presente. Apesar de mortos, Judt parecia vê-los e falava com eles como se estivessem vivos. No texto, esses sujeitos cantam, berram, amam e odeiam — enfim, exigem ser vistos. Melhor dizendo, exigem ser revistos, "reenxergados". O autor afirma:

> E em relação aos judeus que tinham ocupado tantos prédios na metrópole e que contribuíram, de modo decisivo [,] para a arte, a música, o teatro, a literatura, o jornalismo e as ideias que constituíam Viena em seu apogeu, a cidade mostrava-se mais reticente do que nunca. A própria violência com que os judeus de Viena foram expulsos de seus lares, despachados para regiões a leste da cidade e apagados da memória da capital ajudava a explicar a tranquilidade culposa observada no presente. A Viena no pós-guerra [...] era um edifício imponente assentado sobre um passado indizível.[1]

A impressão é de que Tony Judt percebia que a Europa acelerava os ponteiros da história, ao produzir novos passados recém-conquistados. Enquanto isso, o autor sentia que o passado do genocídio nazista permanecia silenciado.

Na Viena dos anos 1990, entre colaboracionismo com os nazistas e traição aos judeus do país, a cidade se transformava em um símbolo do futuro, apesar de não lidar com os próprios fantasmas desse passado pouco visitado — o passado sufocado que Judt insistia em enxergar. Em tempos de transição e mudança, o historiador gritava os nomes e insistia em contar as histórias dos judeus mortos no Holocausto. Em suas palavras, a cidade "se constituía em um edifício imponente assentado sobre um passado indizível".

Eis que em algum momento, durante o debate sobre o texto em sala de aula, um dos estudantes manifestou incômodo com os rumos da introdução. Ele teria se incomodado menos com o tema do que com as estratégias narrativas de Judt. A dinâmica do texto o deixou aflito. Ao ser questionado sobre o motivo de tamanho desconforto e aflição, ele explicou que a ausência de linearidade na narrativa e o fato de Judt ter acionado pretéritos diversos no seio de um debate sobre outro passado o convenceram de que o autor havia "sequestrado" o processo histórico e o utilizava a seu bel-prazer.

O estudante disse ter tido a impressão de que o historiador atuava como um caçador. "Um caçador", dizia ele, "no pior sentido do termo." Ao se intrometer, explicou o jovem, Tony Judt retirara as questões de seu "habitat natural" e produzira a história como se tudo se iniciasse apenas depois da captura.

Ao falar com "fantasmas do Holocausto", continuou o jovem, o autor eliminou a possibilidade de a história seguir seu "rumo natural". Era como se, ao fraturar a narrativa, ao escolher o passado que lhe convinha, Judt, e não o processo histórico em si, criara o objeto do texto. Achei interessante a metáfora do aluno indignado. Nas linhas de Judt, os judeus ausentes insistem em aparecer. Fantasmas não convidados assombram as perspectivas de progresso e de democratização apresentadas pelas imagens do ir e vir dos trens da Viena pós-Guerra Fria. Judt parece propor, às portas do futuro, um encontro com "um passado que não quer passar". Antes da superação do socialismo real, o historiador afirmava ser necessário acertar contas com o Holocausto, sob o risco de se reproduzirem na Europa as cenas de genocídio e extermínio tão conhecidas de todos nós. Não há como negar que Tony Judt tinha razão.

Por outro lado, senti que o estudante acusava o historiador de lidar com o texto da mesma maneira que autores de literatura e de ficção lidam com seus temas. Aos olhos do meu interlocutor, Judt decidira contar a história de Viena com base na subjetividade de um judeu europeu que visitava a Áustria em 1990. O que, para aquele aluno do Instituto de História, não era justo, pois quebrava a suposta objetividade do texto.

Esse era um debate bem conhecido na teoria historiográfica. O estudante sentia falta do enquadramento objetivo e político na obra de um autor que lida com a história política do século 20, mas, com efeito, Judt ia além disso. Em uma interlocução potente com Hayden White e Paul Veyne,[2] ele saltava da história política para reenquadramentos típicos dos romances históricos e parecia mesmo conversar com os mortos.

Não com os mortos dos arquivos, alvo conhecido dos historiadores positivistas que pretendiam conversar com os fortes e poderosos que haviam deixado pegadas e sinais. Alternando perspectivas historiográficas mais tradicionais com referências da antropologia e da literatura, o autor dialoga com a subjetividade, com o romance e com a ficção. Uma subjetividade típica dos judeus europeus que eram duplamente ressentidos, com a Europa e com eles próprios. Com a Europa, por tê-los vomitado sem dó nem piedade do continente onde sempre viveram, e com eles próprios por continuarem judeus e europeus, mesmo depois do genocídio do qual foram vítimas. Aqui o "re--sentimento", tal como proposto por Enzo Traverso e Michael Pollak,[3] parecia ajudar um historiador da política a escrever sobre memória e sobre sentimentos morais.

A ideia da dança com os mortos em lugar de uma conversa com os vivos de Viena tinha sido demais para o jovem aprendiz de historiador. Essa aula aconteceu em maio de 2017 e a comparação do estudante ficou marcada em mim por dar sentido a uma percepção que eu carregava desde o mês anterior.

Em 3 de abril daquele ano, havíamos combinado, alguns alunos e eu, que a aula terminaria no intervalo do primeiro para o segundo tempo. Como o Instituto de Filosofia e Ciências Sociais se localizava no centro da cidade, no largo de São Francisco, não precisaríamos de mais do que quinze minutos para alcançar de carro a Hebraica, localizada no bairro das Laranjeiras.

Para os alunos interessados no tema, eu havia explicado a intenção de fazer uma etnografia da manifestação que ocorreria em frente ao clube. Por isso, combinara com alguns deles para que fôssemos juntos até lá.

O curso tratava da historiografia do Holocausto, a turma era de História e se caracterizava por ser crítica e participante. Aos poucos, notei uma movimentação entre os alunos mais próximos do Núcleo Interdisciplinar de Estudos Judaicos, do qual eu era um dos coordenadores. Um deles, tentando ser discreto, foi até mim e disse que a coisa na Hebraica estava "saindo do controle". No celular, percebi um número enorme de mensagens. Indiquei à turma que precisaríamos terminar a aula mais cedo e saímos bem antes do intervalo.

Com o horário mais próximo do rush, o trânsito estava mais pesado, e acabamos por demorar bem mais do que quinze minutos. Ao nos aproximarmos do clube, vimos que o engarrafamento era ainda maior. Na rua, muitos carros de polícia e guardas impediam que os automóveis fluíssem livremente. Abri a janela e perguntei a um deles o que estava acontecendo, e a resposta não poderia ter sido mais simbólica e reveladora: "Os judeus estão brigando".

Paramos o carro bem antes do clube e nos encaminhamos à entrada. Na porta havia um mar de pessoas, a maioria jovens. Cheguei a encontrar minha colega de pesquisa, a antropóloga Misha Klein, que me enviara uma mensagem pouco antes pedindo que eu antecipasse minha chegada. Conseguimos falar pouco, pois logo fui chamado para me pronunciar: "O professor Michel Gherman vai falar", e enfiaram um megafone na minha cara.

Não tenho lembrança do que falei. Mas tenho do que vi. Pessoas indignadas, se pronunciando sobre memórias da ditadura e do Holocausto, além de gritos. Gritos de horror e de terror contra o fato de Jair Bolsonaro, então deputado federal de extrema direita, ter sido convidado a fazer uma de suas primeiras palestras como pré-candidato em um clube judaico.

Na porta da Hebraica, com o megafone na mão, entre jovens de *Chultza Kchula*, as camisas azuis de movimentos juvenis sionistas e ativistas judeus e não judeus, imaginei ver, tal qual Tony Judt, os primeiros fantasmas daquela noite.

Eu podia ver Chael Charles Schreier, Iara Iavelberg, Ana Rosa Kucinski e Vladimir Herzog espremidos em um canto na frente do clube. Imaginava como eles, mais de quatro décadas depois de terem sido assassinados pelo regime que Bolsonaro emulava, escutariam e veriam tudo o que acontecia na frente do clube. Entre emocionados e constrangidos, imagino, os quatro observariam as pessoas gritarem os nomes deles de vez em quando.

Mas eu via outros fantasmas também. Parecia que eu enxergava entre os jovens na porta do clube de Laranjeiras os líderes dos levantes dos guetos durante o genocídio nazista. Ali, parecia que eu estava diante de Abba Kovner e Mordechai Anielewicz.[4] Eles usavam as mesmas camisas dos jovens ao meu lado, camisas azuis com cordões no peito, típicas dos movimentos sionistas-socialistas, e estavam incrédulos diante dos aplausos a um homem que nutria simpatia por Hitler.

Realmente, era difícil acreditar no fato de Bolsonaro, esse homem que elogiava a ditadura e seus torturadores, e já havia dado sinais de nutrir simpatia pelo nazismo, ter sido convidado para fazer uma palestra justamente em um clube judaico.

## JUDEUS NÃO JUDEUS E SUICIDAS: MAIS UM CAPÍTULO NA TRADIÇÃO DA DESCONVERSÃO

Ao ouvir e estudar as histórias dos judeus mortos pela ditadura militar, o tema do suicídio sempre chamou minha atenção. Não porque me interessasse saber se Chael, Iavelberg ou Herzog efetivamente cometeram suicídio ou não, muito pelo contrário, pois estava claro para mim que não foi esse o caso.

O que me mobilizava e me interessava era outro ângulo do debate. Nos meus ouvidos de ex-aluno de Yeshivá,[5] me parecia estranha a própria deliberação sobre enterrar judeus resistentes da ditadura militar como suicidas. Isso depois de eles terem sido presos, privados de sono e de consciência plena, além de sofrido torturas.

Discutir isso no contexto judaico não somente não fazia sentido como era quase um ato de heresia. Uma atitude anti-halácchica.[6] Antijudaica até. Teologicamente, a ideia do suicídio é desabonadora demais, deslegitimadora demais; a exclusão da memória do morto e sua expulsão post mortem da comunidade estariam vinculadas à noção de que ele teria escolhido a forma de morrer, algo intolerável para as fontes judaicas.

A mim chamava atenção, em primeiro lugar, o fato de esse não ser um tema conhecido do debate historiográfico; em segundo, me incomodava que tanto entidades judaicas como rabinos tivessem aceitado discutir o enterro desses judeus como suicidas e, eventualmente (como foi o caso de Iara Iavelberg), enterrá-los como tal.

De acordo com o rabino Rodrigo Baumworcel, a forma de tratar um suicida é cruel não somente para os mortos em sua memória, mas igualmente para parentes e amigos:

> Segundo os sábios judeus, quem se suicida não tem lugar no mundo vindouro, e a família "não pode" realizar nenhum ritual de luto. Segundo Chatam Hasofer,[7] se uma família quer dizer *kadish* [prece dos enlutados] para um parente que se suicidou, ela pode organizar uma reza e fazê-lo, sendo que as pessoas que vêm à reza têm que saber que esse é o objetivo. Assim, ao dizer que uma pessoa se suicidou, você quase que automaticamente tira a possibilidade da família de rezar à elevação da sua alma, durante o luto e para todo o sempre.[8]

Mas, justamente por ser um ato tão cruel e desabonador, a lei judaica praticamente inviabiliza enterrar alguém como suicida:

> Se a pessoa foi vista subindo no telhado e se jogando, por razão interna — raiva, dores... — ela é considerada suicida. Se foi encontrada enforcada ou pendendo de uma árvore, ou morta ou deixada morta em algum lugar, então ela não é considerada suicida. O Rav Karo[9] adiciona que, se alguém foi pego roubando e foi condenado à morte, não é considerado suicida. Acho que a porta de entrada para uma flexibilização da definição de suicida já está no *Shulchan aruch* (compilação das leis) mesmo. Se ninguém viu, talvez essa pessoa tenha morrido por outro fator. Assim, se uma pessoa entra num quarto e aparece pendurada em uma corda, não se pode cravar que ela se suicidou. Pode ter acontecido alguma coisa no processo.

Com relação a enterros na parte dos suicidas, o rabino é taxativo: "Muito difícil". E acrescenta, "se [...] tiver famílias ou filhos ainda mais".

Perguntado sobre o fato de, no Brasil, mesmo assim, ter havido judeus mortos pela ditadura que foram enterrados como suicidas, o rabino Baumworcel afirmou:

> Não é tão simples, porque o governo os considerou suicidas, na Halacha você teria que aceitar o *"din"* (julgamento) do governo. Mas, se eles foram encontrados antes da determinação definitiva do governo, então a Halacha não os consideraria suicidas. Daria para atacar essa Halacha por muitos meios, por se tratar de um governo imposto e não um governo eleito, mas isso faria com que a comunidade judaica estivesse contra toda e qualquer lei da ditadura.

Nenhum governo sob ditadura na América Latina conseguiu enterrar judeus como suicidas. Há uma exceção na Argentina sobre a prece dos mortos, mas o único lugar que rifou os corpos de judeus em nome da relação com o regime ditatorial, enterrando-os como suicidas, foi o Brasil. Nesse contexto, pode-se dizer que aqui há um processo sofisticado de retirada dos judeus ativistas da comunidade mesmo depois de mortos. Uma espécie de "desconversão" político-ideológica que retira o marco judaico do ativista depois que ele se foi.

A única referência intracomunitária e judaica de guerrilheiros e resistentes talvez seja negada a eles e a seus familiares, quer como forma de punição, quer como demonstração de vínculo com o regime.

É enganoso pensar que os usos políticos de leis religiosas podem ser relevantes somente para populações judaicas tradicionais, cuja Halacha é marco fundamental e constante dos mais diversos desafios cotidianos. Judeus não tradicionais e inclusive seculares têm contato com as leis religiosas, mas em marcos temporais bastante específicos, que se relacionam com momentos de passagem, como morte e nascimento, e passam a estabelecer contatos pessoais — às vezes políticos — com indivíduos judeus que estão apartados cotidianamente da vida comunitária.

Não raro, há nesses contatos estranhamentos e tensionamentos, de parte a parte. Nem sempre a "volta" do judeu afastado, ou a visitação eventual de familiares de um parente morto, é acompanhada de celebração e júbilo. Muito pelo contrário: em muitos momentos, a entrada de um judeu (vivo ou morto), há muito desaparecido do ambiente judaico, pode ser marcada por desentendimentos e barreiras. Aqui são importantes as motivações do desaparecimento, as circunstâncias do reaparecimento e as demandas dos "judeus retornados".

É justamente nesse contexto que pretendemos inserir o "caso Herzog" e o enterro de Iara Iavelberg. Após a morte deles, entretanto, ambos são recolocados no interior do debate judaico, com base em questões profundamente vinculadas a leis judaicas religiosas.

A morte de Herzog foi sucedida por um debate sobre a natureza de seu enterro. Seria o militante comunista judeu um suicida? Teria ele sido assassinado pela repressão? Esses debates, pouco relevantes no país naquele momento, com efeito, faziam sentido na hora do velório e do enterro de Vladimir Herzog.

Assim, para além de debatermos a morte de Herzog e de Iavelberg, é importante discutir a vida desses dois indivíduos, vis-à-vis a comunidade que se via diante da responsabilidade de enterrá-los.

No caso do jornalista, ele havia sido um homem político, um preso político e se consolidara, para a sociedade brasileira em geral, como um "morto político". Porém, não apenas nessa perspectiva macro Herzog foi o tal "morto político"; o mesmo pode ser dito nas dimensões da micro-história, intracomunitárias, do interior da sinagoga que ele *não* frequentava.

Se na dimensão macro, do social, o morto Herzog é homenageado e espetaculoso, nas referências comunitárias, o jornalista judeu é um morto periférico e silencioso.

Nesse contexto, trabalhamos com os conceitos de Marcel Mauss,[10] que discute o "efeito físico no indivíduo da ideia de morte sugerida pela coletividade". Para o antropólogo francês, indivíduos que "entendem" (por vezes de forma inconsciente e mediada) que estão a caminho da morte, abrupta ou violentamente, estabelecem contato com os processos de desaparecimento contínuo, uma espécie de morte lenta e constante. Por outro lado, a comunidade à qual pertencem também determina um afastamento do indivíduo que, segundo percepções comunitárias, caminha para o desaparecimento, para o encontro com o divino e para a própria destruição.

Pois bem, no caso de Vladimir Herzog, vamos, de certa maneira, inverter ou adiar a lógica maussiana. Mais do que a morte em si, o que nos interessa é a percepção comunitária dos ritos mortuários, de seu enterro e velório. Impressiona, no caso do jornalista, o estrito respeito a perspectivas *haláchicas* da morte em uma congregação em que geralmente havia uma percepção flexível e liberal nesses termos.

Aqui, o tipo de enterro sugeriria que a morte teria sido anunciada pelo morto. Escolhida pelo morto, decidida pelo morto. Há, no rito de passagem, uma dimensão moral proposta pela comunidade. Há, no enterro em questão, um sinal que localiza fisicamente o lugar do morto perante os vivos. Ao contrário da análise de Mauss, no caso de Herzog, é o enterro — e não a morte — que marca fisicamente o morto.

Dessa forma, o enterro politizaria a morte, esvaziaria a dimensão de resistência e colocaria o morto em uma situação limítrofe, como se ele houvesse escolhido morrer fora da comunidade e, por isso, devesse ser enterrado, como determina a tradição judaica mais estrita, fora do espaço reservado aos "mortos normativos", segundo classificação do historiador Fernando Catroga.[11]

Minha hipótese para o velório e o enterro de Vladimir Herzog, nesse sentido, é de que eles foram mediados politicamente por setores da coletividade e pela ditadura militar. A exclusão do excluído daria lugar de segurança e de acordos para uma coletividade que não tinha clareza das próximas etapas políticas de um país que apenas começava um processo de distensão e abertura.

Nesse contexto, a decisão de um jovem rabino, no caso Henry Sobel, ou de outro rabino da mesma instituição, de enterrar Herzog junto a outros membros da comunidade, em vez de no espaço restrito a suicidas e prostitutas, seria contraditória e fora da ordem comunitária, e não o inverso. Proponho aqui que Sobel avaliou as consequências para fora e não para dentro, tanto da Congregação Israelita Paulista como da coletividade judaica de São Paulo como um todo.

Assim, a morte de Herzog nas mãos do regime repressivo deve ser entendida e analisada junto à morte de outros militantes de origem judaica. A dialética entre as demandas do regime e da comunidade deve ser considerada de um ponto de vista processual, e não eventual. Nesse contexto, o caso Herzog não deve ser visto isoladamente; ele deve fazer parte de um debate maior, capaz de estabelecer relações de mortos judeus e a comunidade judaica no contexto do regime militar.

Há, aqui, certa "imposição" de limites que acaba transformando a comunidade judaica em um lugar de abrigo contra ameaças externas. Tais ameaças podiam provir do governo ou, ainda, de grupos de esquerda. No primeiro caso, a comunidade, ou setores dela, poderia, em dupla negociação, estabelecer compromissos lá e cá. Assim, uma espécie de paz social intracomunitária seria garantida, excluindo-se militantes radicalizados (refiro-me aqui a militantes judeus) e impedindo a entrada da repressão em instituições judaicas brasileiras. Um exemplo dos limites da existência desses grupos de esquerda e do limiar comunitário é dado pelos setores da esquerda sionista no Rio de Janeiro.

A leitura dos relatórios das atas confiscadas pelo Dops na sede do movimento Hashomer Hatzair em 1967[12] parece apontar para essa direção, apesar da descrição de um movimento social perigoso, que representava o "sionismo operário" na cidade. Nos relatórios referentes a essas atas, o informante encarregado acalmava os ouvidos do regime ao esclarecer que o compromisso (de quem?) era de que o movimento trataria somente de assuntos "israelenses, ou seja, do exterior". Essa informação parecia dar liberdade de atuação ao movimento, afastando-o das perseguições e dos incômodos com o regime. Por outro lado, grupos ou indivíduos que insistiam em avançar para direções menos desejadas pareciam caminhar para uma espécie de lugar distante da "comunidade" (e de seus supostos acordos). Eles sofriam, portanto, o que poderia ser uma espécie de desconexão, de abandono.

Para além do debate intracomunitário, é importante notar também o destino de militantes de origem judaica na esquerda brasileira. Para estes, os vínculos com a comunidade e com a identidade judaica são complexos e difusos. Nesse sentido, cabe evidenciar que, tanto para a comunidade organizada como para os grupos de esquerda, a identidade judaica desses homens e mulheres é pouco clara, pouco definida e, por que não dizer, por vezes, não legítima.

Em um debate sobre a participação dos militantes judeus na resistência à ditadura, Bernardo Sorj[13] propõe questões sobre a legitimidade do tema. Naquela ocasião, chamou os militantes da esquerda de "judeus não judeus", usando justamente o termo popularizado por Deutscher. Aqui, o sociólogo parece crer que o debate sobre a identidade judaica dos ativistas e militantes faz sentido somente para quem está de fora e busca uma identidade judaica que pretensamente existe entre esses homens e mulheres. Seria possível, portanto, chamar os militantes de judeus? E, mais importante, seria possível tratar desse tema como se estivesse relacionado à institucionalidade judaico-brasileira? Como resposta, dois autores apontam caminhos semelhantes: David Reichhardt[14] e Beatriz Kushnir[15] analisam casos de militantes mortos sob tortura. Finalmente o caminho estava claro: se havia um exagero em tratar militantes como judeus por sua militância política em vida, em morte não podia haver dúvidas: eles e suas famílias estavam cercados por uma sociabilidade judaica perene e indubitável.

Mais do que a judeidade das vítimas, aqui também é possível perceber as relações das instituições judaicas (inclusive as religiosas) com judeus que resistiram à ditadura. Havia limites para os que estavam dentro e definições para os que estavam fora. Judeus que militaram e morreram lutando contra a ditadura não poderiam morrer como judeus.

No Brasil, diferentemente de outros países da região[16] que sofreram regimes autoritários, esses militantes foram expulsos, excluídos e, por que não dizer, desconvertidos do judaísmo canônico e central. Foram transformados em suicidas e tratados dessa forma. Como tais, eram judeus, mas "judeus de fora". Para a eternidade, estariam fora.

O ano de 2014 foi simbolicamente importante nesse contexto. A publicação de janeiro da revista da Confederação Israelita do Brasil (Conib), homenageando os resistentes judeus da ditadura, poderia sugerir um compromisso completo da institucionalidade judaica com o processo de democratização. Afinal, a entidade mais importante dos judeus brasileiros produzia um documento que incluía judeus antes excluídos. Homenageava os mortos e tratava-os como "judeus de dentro". Ademais, não se pode dizer que houve reações negativas à publicação desse número na comunidade. A revista não parece ter tido opositores. Era, no entanto, um silêncio enganador. O Brasil mudaria muito nos anos seguintes, e os judeus brasileiros também. O silêncio de 2014 não representava consenso, mas, ao que tudo indica, falta de legitimidade para os grupos de extrema direita — a qual seria reconquistada nos meses vindouros.

Em 2006, o corpo de Iara Iavelberg foi exumado e seus restos mortais, retirados do setor estabelecido para suicidas do

Cemitério do Butantã. Em uma entrevista realizada por mim e por David Reichhardt no dia 28 de setembro de 2020, Samuel Iavelberg, irmão de Iara, lembra que a Chevra Kadisha, empresa mortuária da comunidade judaica de São Paulo, não apenas não colaborou com o processo de exumação do corpo como tentou, até o último momento, evitar que ele acontecesse. Nas palavras dele:

> Depois de tudo, quando a gente conseguiu, a Chevra Kadisha tentou não deixar fazer a retirada dos ossos. Foi uma coisa inacreditável o que a Chevra Kadisha fez no dia. Com toda a questão respondida, estávamos desenterrando e a Chevra Kadisha entrou em um tribunal de São Paulo, avisando ser um feriado religioso e que nós estávamos atacando a religião e o juiz mandou parar. [...] Sorte que o advogado foi correndo pro tribunal e provou que o feriado era no dia seguinte. Então, até a última hora [...], eles fizeram de tudo pra não se concretizar.

Para além da presença do rabino Henry Sobel, que oficiou os ritos no enterro em 2006, e de amigos pessoais, Samuel Iavelberg não se lembra de nenhuma homenagem a Iara vinda da comunidade judaica. "Foi um enterro político", disse ele na entrevista, "mas não me lembro de alguém de alguma instituição judaica ter vindo me cumprimentar."

A entrevista de Samuel mostra que os temas do debate sobre morte e enterro de militantes na época da ditadura ainda não haviam sido superados, passados então mais de quarenta anos do golpe militar.

O silêncio não era o que se imaginou que fosse. Em breve notaríamos todos. O tema da exclusão e da disputa ideológica no seio da coletividade judaica voltaria a aparecer. Dessa vez em praça pública.

**BOLSONARO E A DITADURA**

Em 2016, o então deputado e candidato à presidência Jair Bolsonaro, ao dar seu voto favorável ao impedimento da então presidenta da República, Dilma Rousseff, dedicando-o ao torturador facínora Brilhante Ustra, não deixou dúvidas em relação à forma como pensava.

Mesmo que parecesse inaceitável, da tribuna do Parlamento, homenagear um torturador denunciado e formalmente acusado dos crimes de tortura, estupro e assassinato, Bolsonaro não começou sua caminhada de apologia à ditadura naquele momento.

Sem deixar dúvidas sobre suas posições, ele externava, sempre que tinha oportunidade, sua admiração pelo golpe militar e pelas medidas repressivas do período. Isso ocorria principalmente nas efemérides do regime militar, como nas vésperas da proclamação do Ato Institucional Número 5 (AI-5), em 13 de dezembro de 1968, conforme trecho do discurso do deputado, pronunciado no Congresso Nacional no dia 12 de dezembro de 2008, sobre seus sentimentos a respeito do decreto:

> Assim sendo, senhor Presidente, eu louvo os militares que, em 1968, impuseram o AI-5 para conter o terror em nosso país, ato também apoiado pela mídia, apoiado pelo Supremo Tribunal Federal. Mas eu louvo o AI-5 porque, pela segunda vez, colocou um freio naqueles da esquerda que pegavam em armas, sequestravam, torturavam, assassinavam e praticavam atos de terror em nosso país. Dizem que o AI-5 fechou o Congresso Nacional dando poderes ao Executivo para legislar, assumir as nossas atribuições, via decreto-lei. Pergunto: qual a diferença entre decreto-lei e medida provisória? Nenhuma! Ou melhor, o conteúdo, que é muito importante.

As afirmações louvando morte e tortura eram tão caras ao discurso de Jair Bolsonaro que eventualmente ele voltava a elas, talvez com medo de terem sido esquecidas. Foi o que ocorreu em um programa na rádio Jovem Pan em julho de 2016, quando, ao ser questionado sobre erros da ditadura, Bolsonaro respondeu sem pestanejar: "O erro da ditadura foi torturar e não matar".[17]

De todas as afirmações de Bolsonaro, entretanto, uma se destaca, talvez mais que todas, por sua crueldade e mau gosto. Reagindo às demandas de parentes dos militantes mortos do Araguaia, que exigiam a revelação do paradeiro dos restos mortais de seus entes queridos, o deputado afirmou que "quem procura osso é cachorro". Mais do que isso, Bolsonaro chegou a produzir um pôster com essas afirmações e o pendurou na entrada de seu gabinete.

Além da absoluta falta de respeito com as vítimas, a referência debochada à busca dos corpos dos mortos pela repressão deveria ter produzido indignação e desconforto para a institucionalidade judaica brasileira. Por alguns motivos. O primeiro deles é que havia guerrilheiros judeus entre os mortos do Araguaia (no caso, Maurício e André Grabois), cujos corpos desapareceram sem a possibilidade de a família realizar enterros dignos. Um mandamento judaico determina que é preciso levar os mortos judeus ao descanso eterno seguindo leis e ordens bem rígidas, com enterro digno e respeitoso.

Além desses casos específicos, outras questões relacionadas a enterros de mortos na ditadura militar ainda eram elementos mal equacionados pela comunidade judaica brasileira.

Diferentemente do que ocorrera em outros países sul-americanos, há indicações de que, durante a ditadura no Brasil, chegou-se a exigir alteração de ritos e costumes no sepultamento de judeus vítimas da repressão. Tais exigências, ao que parece, foram eventualmente atendidas por representantes religiosos de comunidades judaicas específicas.

Se isso tiver ocorrido e se as entidades judaicas efetivamente enterraram (ou tentaram enterrar) vítimas judias da ditadura como suicidas, podemos afirmar que há uma situação sui generis dos judeus brasileiros perante outras coletividades judaicas no mundo do pós-guerra.

Muito antes de chegar à Hebraica, ao ser abraçado, apenas três anos depois daquela declaração, por setores importantes da comunidade e da institucionalidade judaicas, Bolsonaro já havia se posicionado com relação à morte do jornalista Vladimir Herzog, assassinado, em novembro de 1975, durante torturas, nas dependências do DOI-CODI em São Pulo, indicando concordar com a versão dos órgãos de repressão de que, ao contrário das evidências, o jornalista judeu havia cometido suicídio. Apesar disso, talvez por causa de uma suposta "pluralidade política dos judeus brasileiros", o deputado não teve sua presença em um clube judaico interditada.[18]

Em julho de 2018, já abertamente candidato à presidência da República, durante o programa *Mariana Godoy Entrevista*, da Rede TV!, Bolsonaro afirmou haver vitimização no que se refere à morte de Herzog; que ele "lamenta muito a morte, mesmo não sabendo das circunstâncias", ou seja, se Herzog fora torturado ou se cometera suicídio. Bolsonaro disse mais. Que "suicídio acontece, as pessoas praticam". Afirmou ainda que acreditava ser mais provável que Herzog tivesse se suicidado, porque, segundo ele, os militares não tinham por que torturá-lo e matá-lo.

Isso tudo na semana em que a Corte Interamericana de Direitos Humanos condenou por unanimidade o Brasil pelo assassinato de Vladimir Herzog. Para a sociedade brasileira, seria importante o reconhecimento do assassinato de Vlado, como ele ficou conhecido, para estabelecer o cometimento de um crime de

Estado pelo regime. Para a institucionalidade judaica, entretanto, a discussão poderia ir além.

Ao trazer esse debate a público, Bolsonaro colocou em tela de juízo uma questão mal resolvida no interior da comunidade, já que a tentativa de enterro de Herzog como suicida levantava questões sérias, que precisavam ser revisitadas, sobre a relação de entidades judaicas com a ditadura e dos judeus de esquerda com a comunidade.

Apesar disso tudo, da condenação internacional e de questões sensíveis internas à comunidade judaica, a afirmação de Bolsonaro de que o jornalista judeu poderia ter se suicidado passou praticamente sem condenação das instituições que representavam os judeus no Brasil. Nenhuma entidade judaica se mostrou, em um ano eleitoral, especialmente indignada ou pediu retratação do então candidato.

Se o jornalista houvesse cometido o suicídio, a tradição judaica poderia ser usada para "moralizar" o ato. Estabelecer uma diferenciação entre os que decidem morrer e os que morrem por outras causas. No contexto de suicídio, pois, a tradição judaica determina que o enterro ocorra em lugares específicos, na periferia dos cemitérios judaicos, além de haver alteração de preces e ritos de passagem.

Claro que se trata de um debate mais complexo. É relevante notar que a determinação de que um judeu cometera suicídio poderia significar, para a tradição judaica, uma espécie de "condenação teológica", o que proporciona um debate rabínico e político exaustivo e de muito cuidado, conforme veremos.

## INSTITUCIONALIDADE JUDAICA SOBRE A DITADURA

Se retornarmos alguns anos, é possível perceber que a posição de entidades judaicas, bem como de grande parte da sociedade brasileira, ante a ditadura militar, era bastante distinta daquela que notamos às vésperas das eleições de 2018.

Em razão dos cinquenta anos do golpe de 1964 — três anos antes do evento da Hebraica —, a Conib havia produzido uma publicação que se caracterizava pela defesa da democracia e homenageava justamente judeus que haviam lutado contra a ditadura militar brasileira. Nessa publicação, a Conib não deixava dúvidas: escolhia seus heróis e tinha um lado. Os heróis eram os da resistência e o lado era aquele contra a ditadura.

Um dos heróis escolhidos para compor essa edição dos *Cadernos Conib*,[19] de janeiro de 2014, era justamente o jornalista Vladimir Herzog, vítima da repressão, tratado como suicida pelo regime e quase enterrado como tal no Cemitério Israelita do Butantã, representando um ponto fulcral para o debate a respeito do posicionamento da institucionalidade judaica perante as vítimas judias da ditadura.

No texto da publicação, Vlado foi tratado como refugiado judeu, filho da Europa afligida pelo nazismo e ameaçada pelo Holocausto:

> Quando chegou ao Rio de Janeiro, no dia 24 de dezembro de 1946, o menino Vlado Herzog tinha o coração cheio de esperança. Vista do navio *Philippa* — um barco de transporte de tropas que servira durante a Segunda Guerra Mundial e fora adaptado para transportar refugiados —, a beleza da cidade estendida entre o mar e as montanhas verdes era uma promessa de paz e de dias felizes para o menino de nove anos e seus pais, Zigmund e Zora Herzog.

Não é apenas a identidade judaica do jornalista que surge nas páginas dos *Cadernos Conib*; também sua trajetória política e a perseguição ideológica que sofrera estão presentes no texto:

Em São Paulo, sede do comando do II Exército, essa operação assumiu caráter extremamente violento. Em meados do ano, o comandante do II Exército, general Ednardo d'Ávila Mello, acrescentava à onda de repressão um dado novo: a imprensa, dizia ele, estava infiltrada pelos comunistas. Foi nesse contexto que Vladimir Herzog assumiu o cargo de diretor de jornalismo da TV Cultura. No mesmo dia, sofreria o primeiro ataque de uma campanha que só terminaria com sua morte, pouco mais de um mês depois: a emissora exibiu, no jornal do meio-dia, um documentário sobre Ho Chi Minh, líder do Vietnã do Norte. Era, claramente, um ato de sabotagem contra o diretor que assumia e não teria, evidentemente, tempo para enfiar um "contrabando" na programação. Mesmo assim, poucos dias depois, apareciam em colunas de jornal comentários segundo os quais os comunistas haviam assumido o controle da TV Cultura. Herzog sabia que estava na lista dos jornalistas que pertenciam à base do PCB em São Paulo, e que, como os demais, deveria ser preso a qualquer momento. Mas considerava que sua prisão não teria maiores consequências, pois não praticara nenhuma ação clandestina, nem algo pelo que os militares pudessem enquadrá-lo. Ele se filiara ao PCB, participava de discussões internas, mas não era o que se chama de um ativista.

Da mesma maneira, a morte sob tortura está nas páginas da publicação, que não deixa dúvidas; Herzog, ao contrário da narrativa do Exército e de Bolsonaro, havia sido morto pela repressão e não se suicidado, como os órgãos oficiais tentavam impor:

No dia seguinte, 25, um sábado, às 8 horas da manhã, Herzog se apresentou ao Departamento de Operações Internas-Centro de Operações de Defesa Interna (DOI-CODI), o mais temível aparelho de torturas do país. Na tarde do mesmo dia, estava morto. Num comunicado, o comando do II Exército informava que o prisioneiro se suicidara, usando para tanto o cinto do macacão preso a uma grade da cela em que se encontrava. O suicídio, como em muitos casos anteriores, era uma farsa.

Outro herói que surge nas páginas dos *Cadernos Conib* de 2014 é o rabino Henry Sobel. No texto, ele é apresentado como a figura que teria impedido o enterro de Herzog como suicida, segundo definia a tradição judaica.[20]

Em uma longa entrevista, Sobel expõe o caso da morte do jornalista judeu como tema central na derrocada do regime ditatorial brasileiro e chega a comparar seu assassinato com crimes nazistas do Holocausto, numa atitude não bem-vista nos dias de hoje pelas próprias entidades judaicas brasileiras, para as quais qualquer comparação desse tipo corresponderia a uma "banalização do Holocausto":

> Sobel não se surpreende que o assunto continue despertando o interesse da sociedade brasileira até hoje. Em sua opinião, atos bárbaros como os praticados pela ditadura militar ou pelo regime nazista na Segunda Guerra Mundial sempre devem ser lembrados para que jamais se repitam. Foi o começo do fim da ditadura militar [...] "Foi o começo de um Brasil novo. Por isso, quando falamos de democracia no Brasil, é praticamente impossível não citar a morte de Vlado."[21]

Mais de um ano depois da palestra na Hebraica Rio e três anos depois da revista da Conib homenagear os que haviam resistido à ditadura no Brasil, o discurso de Bolsonaro continuava sendo normalizado. Do mesmo modo como ocorria com outros grupos, as entidades judaicas entravam nesse jogo, sem muita resistência. O Brasil mudara demais desde 2014. Os judeus também.

## O LUGAR DOS JUDEUS NÃO JUDEUS NOS TEMPOS DA DITADURA

Para além dos artigos sobre Vladimir Herzog, outro texto presente nos *Cadernos Conib* de 2014 chamou minha atenção e acabou por provocar em mim uma reflexão sobre identidade judaica, comunidade judaica e o lugar dos judeus não judeus nos tempos da ditadura. Refiro-me ao artigo de Beatriz Kushnir, intitulado "Seja marginal, seja herói".[22]

Nele, a autora traz a história da morte de dez militantes de origem judaica durante a ditadura. Kushnir acertadamente afirma que esses

> dez militantes de esquerda de ascendência judaico-brasileira foram mortos pelas mãos repressoras do aparelho autoritário da ditadura civil-militar implementada no país no pós-31 de março/1º de abril de 1964 não por serem judeus, mas por lutar contra a ditadura e por resistir contra a opressão.[23]

É óbvio que esses militantes não foram mortos por serem judeus, entretanto a "parte judaica" dessas mortes — os ritos relativos ao sepultamento e ao enterro — me fez refletir sobre ditadura e judeus de esquerda no Brasil. Ora, se essas pessoas supostamente não viveram como judeus (ao menos no que se refere à militância), se não morreram por serem judias, foram, sim, enterradas como tais. E isso certamente transforma o tema dessas mortes, as mortes de militantes de origem judaica, em um tema profundamente judaico.

O primeiro caso nesse sentido é o de Chael Schreier, morto em uma suposta emboscada policial. Ao ser enterrado, ele tornou-se um bom exemplo de como os ritos mortuários da tradição podem alterar a narrativa do assassinato de militantes resistentes à ditadura. Segundo Kushnir,

Vinte dias depois da morte de Marighella, a versão oficial que o II Exército enviou para os arquivos do Deops/SP relatava que tinham sido presos, no Rio, três militantes da organização VAR--Palmares. Entre os mortos se encontrava o estudante paulista de medicina Chael Charles Schreier — o primeiro de origem judaica entre os militantes mortos sob tortura, ou em emboscadas e batidas policiais. Detidos após violento tiroteio, os três foram levados para o Hospital Central do Exército, onde Chael, segundo o atestado de óbito, morreu devido a uma "contusão abdominal [...] e hemorragia interna". Por esse documento, ficou evidenciado que Chael Charles Schreier era o primeiro caso comprovado, no pós-1964, de morte sob tortura, após detenção. Seu enterro, no Cemitério Israelita do Butantã, em São Paulo, foi cercado pelo Exército. Os parentes fizeram questão de cumprir os ritos judaicos da lavagem do corpo e persuadiram os agentes militares a deslacrar o caixão de metal onde Chael estava. O primo de Chael, Jaime Schreier, que participou da lavagem do corpo, definiu com uma frase a brutalidade sofrida: "Ele apanhou como um cavalo!". Há, assim, uma longa e cruel distância entre a versão oficial, que mais tarde divulgou um ataque cardíaco como a causa da morte de Chael, e o que realmente aconteceu.[24]

Se o enterro de Chael possibilita uma denúncia de que a ditadura teria assassinado o militante, pode-se dizer que foram os ritos judaicos praticados na morte dele que produziram esclarecimentos de um crime do regime. Foi a lavagem do corpo que esclareceu que Chael não fora morto em um tiroteio. As marcas descobertas pelo primo na cerimônia deixaram claro que o jovem militante havia sido barbaramente torturado antes de ser morto.

A partir de então, o regime e seus órgãos de repressão começam a lidar com mais cuidado com ritos, cerimônias e formas de enterro dos resistentes de origem judaica. Tudo isso, provavelmente, teria sido mediado por representantes da comunidade. Afinal de contas, eram os líderes religiosos que enterravam os judeus mortos pela ditadura, e não os policiais.

Há outro caso que chama a atenção e que produziu questões fundamentais sobre a relação de certa institucionalidade judaica e o regime militar: o caso de Iara Iavelberg.

Tal qual Vladimir Herzog, o caso de Iara envolvia suspeitas de suicídio e um debate sobre formas de realizar a cerimônia e o enterro da ativista de esquerda que tinha origem judaica. Mas as semelhanças paravam aí. Há uma diferença fundamental entre o caso de Herzog e o de Iavelberg, de grande importância em um ensaio como este. Iara foi morta e enterrada como suicida. Permaneceu, como mencionado, "afastada" do centro do cemitério (orientação das perspectivas estritas da tradição judaica) até o início dos anos 2000. E, ao contrário de Herzog, ela tinha passagem efetiva pela comunidade judaica. Quando jovem, casara-se com um membro da comunidade em cerimônia realizada em uma sinagoga paulistana. Outra referência que os afasta é a militância de Iara em grupos armados. Egressa da Polop, era ativista da VPR e do MR-8, organizações que participaram de sequestros, guerrilha e luta armada contra o regime, como revela Beatriz Kushnir em seu artigo:

> Muito jovem, aos 16 anos, Iara casou-se na comunidade judaica com o médico Samuel Haberkorn. Mas é o percurso de Iara Iavelberg nas organizações de esquerda armada que revela as semelhanças com outras personagens do recorte delimitado aqui. Dois dos seus três irmãos, Raul e Samuel, também adotaram a mesma direção, o engajamento na luta, mas se exilaram. [...] A luta travada no Araguaia entre os militantes e o Exército é a narrativa de uma chacina, de uma guerra praticamente sem prisioneiros. Iara Iavelberg militou

na Polop. Na cisão desta, formou-se a VPR, onde Iara conheceu Lamarca. Quando este se transferiu para o MR-8, ela o seguiu.[25]

Também diferentemente de Herzog, Iara é protagonista de outro período do regime militar. Se na época da morte de Herzog já havia claras contradições no interior do regime e já se vislumbrava a abertura, no período em que ela foi assassinada, a repressão ainda passava pelo seu momento mais cruel e sanguinário:

> Se é possível olhar com glamour a militância armada até o sequestro do embaixador americano, em 1969, o que vem depois, entre fins de 1969 e 1972, é o massacre. Os que ficam aqui, como sobreviventes e fora das prisões, têm a opção do exílio. Lamarca não a quis, e Iara o acompanhou na tentativa de resistência rural, no Vale do Ribeira e em Brotas de Macaúbas, na Bahia.
>
> Na esteira da repressão do Estado autoritário aos líderes do movimento armado, Marighella já havia morrido. Seu sucessor na ALN, Joaquim Câmara Ferreira, o Toledo, foi assassinado em outubro de 1970. Desses dirigentes da cúpula, faltava capturar Lamarca, que caiu em setembro de 1971.
>
> Um mês antes, então com 27 anos, Iara Iavelberg fora localizada pelos militares e morta, também em 1971.[26]

Assassinada moralmente, depois de morta Iara Iavelberg continuava sendo uma judia de fora, mesmo passados quarenta anos do golpe militar. Para lá da grade, para lá do centro. Como que em punição eterna, seu corpo olhava para os "judeus de dentro" como se tivesse de estar por toda a eternidade em um "purgatório" para se arrepender por não ter estado do lado certo, do lado de "dentro":

Mas o que lhe teria acontecido nos seus últimos momentos começou a vir a público somente no ano 2000. A 1ª Câmara de Direito Privado do Tribunal de Justiça de São Paulo decidiu, por maioria, que a família tinha o legítimo direito de trasladar seus restos mortais da área reservada aos suicidas no Cemitério Israelita do Butantã. Na versão oficial dos órgãos de repressão, Iara teria se matado com um tiro, no apartamento vizinho ao que ocupava, para escapar à prisão. Ao ser sepultada em campo santo judeu, Iara Iavelberg, de acordo com os costumes judaicos, foi enterrada em área separada, reservada aos que "dão a morte a si próprios".

Em outubro de 2003, de posse de uma liminar, a família finalmente conseguiu exumar o corpo. Durante 13 anos, seus entes queridos tentaram esclarecer a morte de Iara. Os dirigentes do Cemitério Israelita do Butantã não autorizavam a retirada dos ossos, com base em princípios da religião judaica. Os três irmãos de Iara solicitaram à Comissão Especial (Mortos e Desaparecidos Políticos) da Secretaria Especial dos Direitos Políticos do Estado de São Paulo a indenização financeira a que teriam direito. Tal estratégia era uma forma de obrigar o Estado a assumir a responsabilidade pela morte de Iara e, com isso, obter mais um argumento na luta judicial que pedia a exumação do corpo. Em junho de 2005, um laudo pericial classificou de "improvável" a tese de suicídio, e Iara Iavelberg pôde ser enterrada ao lado dos pais e longe da área dos "impuros".[27]

## JUDEUS, A DITADURA E O ANTISSEMITISMO

No mês de agosto de 2021, um conhecido meu, judeu e paulistano, enviou um documento ao meu número de WhatsApp com o seguinte título: "Exército brasileiro dando show de antissemitismo". Confesso aqui, o título sensacionalista da mensagem e o tema do documento não chamaram muito minha atenção.

Desde sempre, lembro-me de ver judeus progressistas, historiadores profissionais e militantes políticos se esforçando para provar que a ditadura militar brasileira era antissemita, com posições claramente antijudaicas. Nenhum argumento jamais me convenceu. Invariavelmente, testemunhos de torturados ofendidos eram usados como prova para o antissemitismo do regime.[28]

Eu sempre achei pouco. Na tortura, a barbárie usa todas as armas para desumanizar suas vítimas: contra mulheres, o machismo; contra negros, o racismo; e contra judeus, ofensas antissemitas. Pouco, achava eu, para demonstrar estruturas antissemitas no regime militar. Essa percepção, somada ao fato de que a mensagem que recebi de meu amigo havia sido encaminhada por terceiros, fizera meu interlocutor me convidar a expor o que pensava.

Quando finalmente fui ler o documento, minha percepção se alterou profundamente. O título oficial do documento era revelador: "O judeu e o comunismo". Interessante, mas, mesmo assim, nada novo. A data também chamou atenção: o documento, de autoria do II Exército, classificado como de "subversão",[29] era de 12 de fevereiro de 1976, exatos quatro meses após a morte de Vladimir Herzog.

Mas o texto era ainda mais intrigante. Constituído por duas partes, o documento começava com uma pergunta essencial: "Sendo o judeu fundamentalmente financista e ligado ao lucro, como ele pode ser militante comunista?".

> Reiteradas vezes, oficiais do DOI/II Exército são interpelados por companheiros de farda, sobre a presença de judeus nas organizações comunistas. Argumentam que o judeu, mundialmente conhecido como elemento voltado exclusivamente para as finanças, em busca de lucro ávido e incessante, seria a última pessoa a esposar a

ideologia marxista — propugnadora da socialização dos bens de capitais e contrária ao lucro (Teoria da mais-valia).³⁰

O debate sobre a pertinência da existência de judeus comunistas parece, segundo o documento, ter surgido após a prisão e a morte do jornalista Vladimir Herzog. Ser suicida na tradição judaica supostamente encerrava definições e julgamentos sobre a morte. E sobre o morto.

Em fins de 1975, esse debate a respeito de questões teológicas foi central na vida nacional, ocupou espaços nos órgãos de repressão e lugar importante nas mídias escritas e televisivas. Em certo sentido, depois de morto, ficou claro que Vladimir Herzog era judeu. Judeu mesmo, daqueles que se enterram em cemitérios judaicos. Então, sendo judeu, como Vlado poderia ser também comunista? "Assim ocorreu quando do recente suicídio do jornalista judeu Wladimir Herzog, em que foi colocado em dúvida a afirmação dos órgãos de informações [sobre] a sua condição de militante atuante do Partido Comunista Brasileiro."³¹

O poderoso debate sobre a condição judaica de Herzog parece ter enchido de dúvidas a cabeça de alguns "companheiros de farda": Seria o jornalista, recentemente morto, judeu demais para ser comunista? Teriam os órgãos de repressão encarcerado alguém que, por definição, simplesmente não poderia ser comunista?

O II Exército entra para aplacar as dúvidas de seus soldados. Era preciso afirmar: "Vocês não conhecem a natureza do 'judeu real'". Os soldados não deviam se preocupar, haviam prendido a pessoa certa, haviam torturado a pessoa certa e — o documento quase dizia isso — haviam matado a pessoa certa. Herzog era judeu e era também comunista.

Esta visão estereotipada, decorrente de uma total falta de conhecimento, gera um clima de desconfiança dentro das FFAA, já que parece que elementos da sociedade judaica são presos e taxados de comunistas por um desconhecimento dos órgãos de informações sobre as raízes históricas e sociológicas do judaísmo.[32]

Há, também, sinais aqui de que o enterro de Herzog poderia ter sido mediado por setores da coletividade judaica e pela ditadura militar. Afinal, a exclusão de um opositor da ditadura poderia garantir acordos e segurança para um grupo minoritário sem clareza sobre as próximas etapas políticas de um país em que apenas se iniciava um processo de abertura.

Nesse contexto, a decisão de um jovem rabino de enterrar Herzog junto a outros membros da comunidade judaica, e não no espaço restrito a suicidas, seria contraditória e alheia à ordem comunitária.

Acontece que, se os esforços de demonstrar colaboração por parte da comunidade estabeleciam alteração das próprias leis judaicas para a garantia de uma paz possível, do lado de lá, dos órgãos de repressão, a linguagem parecia outra. O documento apontava para uma gramática francamente antissemita, conspiratória e típica de textos como *Os protocolos dos sábios de Sião*:[33]

> Acontece que os meios de Comunicações do Ocidente estão nas mãos das organizações judaicas, interferindo em todas as comunidades e no processo cultural de cada país, mesmo sendo uma minoria racial e uma sociedade à parte.
> Ao serem hostilizados, se autoafirmam como "uma raça privilegiada por Jeová, cujo destino é a liderança do mundo".[34]

Se os "de dentro" se sentiam a salvo, "os judeus de fora" eram vistos como alvos constantes e representantes de uma conspiração, a conspiração judaica:

Para atingir seus objetivos, todos os meios justificam o fin [sic]: ontem alguns de seus membros se aliaram à Rússia para vencerem o Nazismo (a conhecida Rede de Espionagem — Orquestra vermelha agindo na Europa), hoje uma escala mais ampla, o Comunismo Internacional continua sendo o grande aliado para quebrar aqueles que se opõem a seus designios [sic].[35]

Vale destacar que a aliança dos "judeus comunistas" com a Rússia para derrotar a Alemanha nazista, tal como descrito no documento, não parece ser bem-vista pelos "órgãos de informação", já que é comparada aos esforços de aliança com o "comunismo internacional".

Em algum sentido, os bons judeus parecem ser para os militares os que estão do lado de cá do muro. Os de lá devem ser vistos, conforme perspectivas típicas do conspiracionismo antissemita, como judeus perigosos e membros de um complô: "Há de ficar claro que não se pretende, com esta Informação, atacar a sociedade judaica como se fosse um vespeiro de comunistas, mas tão somente posicionar alguns de seus membros no processo comuno-subversivo".[36]

O documento decide também deixar claro que a degeneração moral alcança o Estado de Israel, que se deixa levar pela conspiração elegendo comunistas para prefeitos e deixando que eles exerçam cargos de deputados: "Para os incrédulos, ainda recentemente os jornais estamparam a cidade de Nazaré sufragando o nome de um comunista judeu para a Prefeitura. Será que é desconhecido por muitos a existência de um Partido Comunista com assento nas Câmaras Legislativas?".[37]

Por fim, o documento aponta a necessidade, já em 1976, de continuar a perseguir judeus comunistas porque o risco de tê-los no país somente aumentaria naqueles tempos. Elementos de dupla lealdade e ameaça à segurança nacional são inseridos no texto:

O que deve ficar claro e ao mesmo tempo ser motivo de preocupação é que o judeu comunista existe, encontrando-se infiltrado e agindo em todos os setores da sociedade brasileira.

Com o desenvolvimento tecnológico do Brasil, principalmente após a assinatura dos acordos nucleares, não se pode menosprezar a suposição de judeus comunistas agindo como espiões em benefício de países da Cortina de Ferro.[38]

A segunda parte do texto constitui-se de uma lista de judeus supostamente comunistas (alguns nem sequer eram judeus), acompanhada de uma breve biografia de cada um. Mas é interessante notar a ausência de ativistas sionistas de esquerda. Ao que tudo indica, em um suposto acordo com os órgãos de repressão, eles poderiam estar "dentro" da "comunidade", protegidos pelas estruturas e entidades. Por outro lado, o "território comum" entre setores das entidades judaicas e órgãos de repressão parece promover uma espécie de processo de conversão e desconversão política ideológica.

Segundo o documento aqui apresentado, os judeus conservadores eram vistos como aliados, não representando, portanto, risco para a segurança nacional. Convertidos "a judeus da corte",[39] parecem ter feito um bom trabalho em manter relações amistosas com o regime, eventualmente "desnormatizando" corpos que caíam nas suas hostes comunitárias.

A descoberta desse documento é importante para que compreendamos o lugar dos judeus na ditadura militar brasileira, mas também nos ajuda na percepção de elementos da política contemporânea do Brasil.

## Judeus no Brasil

O processo de chegada dos judeus ao Brasil é longo e complexo. De fato, há informações sobre a presença judaica no país que remontam aos tempos da Colônia. Nesse contexto, obras como as de Lira Neto,[1] Anita Novinsky,[2] Ronaldo Vainfas,[3] e Elias Lourenço[4] apontam e descrevem a vida judaica naquele período. Presente e pungente nos idos do século 16, a vida judaica não garante, entretanto, continuidade com essa experiência no país nos séculos 19 e 20.

Em seu magnífico livro *Arrancados da terra*, Lira Neto traça a história coletiva de judeus portugueses, que, fugidos das garras da Inquisição, caminham em direção aos Países Baixos, especificamente para a cidade de Amsterdam.

Lá chegando, constituem uma sólida e vibrante comunidade sefaradita. Em algum momento, surge a possibilidade de avançar em direção à empreitada do Estado holandês em terras portuguesas na América do Sul. Com base na história de vida do judeu português Gaspar Rodrigues, o autor conta o surgimento da comunidade judaica em Recife, com estruturas comunitárias, sinagogas e uma vida relativamente forte e pungente que acaba se constituindo, em pouco tempo, naquilo que o historiador Ronaldo Vainfas chamou de "Jerusalém colonial".

Na cidade de Recife, muitos cristãos-novos, judeus perseguidos e convertidos à força pelo édito da Inquisição em Portugal, sentem-se à vontade para manter as tradições dos antepassados, resgatadas já durante sua passagem pela Holanda.

No Brasil, a construção de uma comunidade judaica sefaradita parece estabelecer o fim de um trajeto de quase dois séculos, em que "cristãos-novos" se tornam aquilo que Yossef Kaplan[5] chama de "judeus novos", ou seja, judeus recuperando a possibilidade de resgatar seu judaísmo e suas práticas religiosas e espirituais à luz do dia.

Contudo, a experiência dos "judeus novos" no Brasil holandês foi relativamente curta e restrita. A retomada de Portugal, a expulsão dos holandeses do Nordeste brasileiro e o retorno do tribunal da Inquisição à região fizeram com que os "judeus novos" que aqui permaneceram retornassem às condições anteriores de judaísmo subterrâneo. Aqueles que desejassem manter tradições ancestrais passaram a fazê-lo clandestinamente, tendo se deslocado aos rincões mais isolados do Nordeste brasileiro.

Hoje, determinados grupos, munidos de vasta imaginação historiográfica e de pretensões ideológicas e políticas, tentam constituir uma comunidade judaica brasileira com história linear e contínua com características que abranjam desde o século 16 até os dias atuais. Setores específicos das Igrejas evangélicas, assim como grupos ligados às perspectivas conservadoras e de direita e tradicionalistas, preocupados com referências de branquitude na origem da nação brasileira, estão entre eles.

Por essa perspectiva, judeus portugueses que habitavam o Brasil se transformariam, nessa nova gramática político-identitária, em vítimas pioneiras no processo de colonização do território. Sobreviventes da perseguição da Inquisição católica, hoje, renasceriam em um país livre e aberto para manifestações religiosas do judaísmo (e do cristianismo).

Claro, essa percepção é recheada de posicionamentos ideológicos e políticos, sobre os quais voltaremos a falar. Mas o importante, por enquanto, é perceber o esforço para transformar, no Brasil contemporâneo, os judeus em vítimas primeiras de um processo — e aqui há um ponto a se destacar — de perseguição religiosa. Nesse contexto, os esforços na busca por "linearidade e continuidade" se relacionam pelo fato de as novas vítimas terem características distintas de outros grupos vitimados no desenvolvimento da colonização brasileira.

Em primeiro lugar, ao contrário dos africanos escravizados ou dos indígenas perseguidos e exterminados, os judeus seriam (ou passariam a ser vistos com o tempo) brancos e europeus;[6] em uma economia política conservadora ou reacionária, esse é um ponto importante a ser destacado, em um cenário de crescente gramática multicultural. Segundo, há uma referência constante, no caso dos debates contemporâneos, à perseguição inquisitorial a elementos de liberdade religiosa. O fato de os judeus não poderem exercer suas tradições livre e abertamente é importante, nos arranjos políticos contemporâneos e atuais, para estabelecer relações políticas com agendas cristãs (tanto católicas como protestantes)[7] que também reivindicam, hoje, em um contexto de secularização e laicidade, o status de minoria perseguida e sem liberdade religiosa plena.

Nesse sentido, em um processo histórico sangrento, que incluiria tantas outras vítimas em uma prática colonizadora recheada de experiências etnicidas e massacres, em que uma exclusão social perene acabava por criar uma sociedade hierárquica e excludente, o surgimento dos cristãos-novos como referência original de brasilidade servia como recurso valioso de relativização dos crimes da escravidão e do genocídio indígena.

Se descendentes de africanos eram vítimas do Brasil, brancos judeus também eram. Se homens e mulheres arrancados do continente africano tiveram interditadas suas práticas espirituais e religiosas, judeus europeus também foram perseguidos pela sua religião. Em uma só tacada, brancos e europeus disputam as condições de vítimas com os africanos escravizados, ao mesmo tempo que se estabelecem como vítimas primeiras no processo de colonização do país.

Nada mau para judeus conservadores que se veem empoderados como vítimas e como brasileiros veteranos. Paralelamente, essa nova percepção da hierarquia das vítimas parece ser um bom negócio para brasileiros cristãos e conservadores, para os quais as vítimas afrodescendentes historicamente constituídas tiveram seu potencial de originalidade e perseguição relativizado pelos novos recursos que surgiam.

Esse parece ser um diálogo relevante entre elementos conservadores que recuperam referências de vitimização e branquitude para a disputa com políticas de inclusão social produzidas em decorrência das ações afirmativas que beneficiavam populações escravizadas e não brancas, com base em referências absolutas entre cristãos-novos do século 16 e judeus imigrantes no século 20.

Nesse contexto, o discurso de Jair Bolsonaro na abertura da Assembleia Geral da ONU de 2021 pode ser um bom exemplo. Para ele, a grande questão do Brasil não é o racismo, nem mesmo a desigualdade social, mas a "cristofobia". Sendo o Brasil um país "conservador e cristão", e estando essa maioria, segundo Bolsonaro, em situação de perseguição, seria necessário relativizar políticas de ação afirmativa e reiterar a perseguição a cristãos (e judeus), fenômeno que, nessa perspectiva, se arrasta pela história do país e do mundo, desde dimensões locais, como a Inquisição (que perseguiu judeus e protestantes), até dimensões internacionais, como o Holocausto (que perseguiu judeus europeus)[8].

Ademais, Bolsonaro defendeu mais de uma vez que o Brasil não tinha responsabilidade histórica em relação à escravidão dos africanos no país. Para ele, como afirmado no programa *Roda Viva* de abril de 2018, trata-se de um fenômeno típico africano, uma vez que os "portugueses sequer teriam colocado os pés na África".[9]

Nessa lógica, as verdadeiras vítimas originais no Brasil seriam os brancos perseguidos pela Inquisição, e as vítimas falsas seriam os afrodescendentes (trazidos para o continente americano por processos internos e naturais da tradição africana). Dentre os brancos, claro, destacavam-se judeus e cristãos, sempre sob ameaça.

É fundamental notar, entretanto, que entidades judaicas e a efetiva formação de uma "comunidade judaica" no país não surgem com os judeus fugidos da Inquisição ibérica. Tais estruturas comunitárias aparecem depois de imigrações muito mais recentes, provenientes de judeus do norte da África, da Europa e do Oriente Médio.

A imigração judaica tem características tanto territoriais quanto extraterritoriais. Ao contrário de italianos, alemães e japoneses, por exemplo, os vínculos com a identidade cultural e religiosa judaicas têm relações com origem geográfica comum, mas também com origem étnica e religiosa compartilhada. Judeus de diversas origens, idiomas e hábitos se estabelecem no país de destino como resultado de pertencimentos identitários comuns.

Nesse contexto, por exemplo, os judeus das regiões da Alsácia-Lorena e do Marrocos, ambos vindo ao Brasil em momentos próximos, tinham línguas e hábitos e culturas bastante distintos. Os primeiros, produtos da emancipação europeia e afetados pela Guerra Franco-Prussiana (1870-71), chegam ao Brasil mais assimilados e menos religiosos do que seus congêneres marroquinos. Eles tinham acesso também a colônias imigrantes de origem francesa e alemã, já que falavam essas línguas. No caso de pretenderem manter vínculos com a tradição judaica, fundavam, na região de destino, sinagogas e bibliotecas com temas judaicos.

Por outro lado, os judeus marroquinos que aqui desembarcaram em meados do século 19 vinham de um ambiente mais tradicional e pré-emancipatório. Provenientes de uma região em crise, causada pelas guerras coloniais, eles se estabeleceram, ainda nas primeiras décadas do século 19, em regiões do norte do Brasil. Os que chegaram primeiro eram basicamente falantes do árabe e de línguas judaicas marroquinas e sefaraditas (haquitia e ladino), ao passo que os de imigração mais tardia (a partir de meados do século 19) já falavam também línguas europeias (francês e espanhol, dependendo das metrópoles que os colonizavam). Ao chegarem ao Brasil, os judeus marroquinos se fixaram primeiramente como intermediários nos transportes fluviais no norte da Amazônia. Algumas décadas mais tarde, jogaram-se no ascendente comércio da borracha na Floresta Amazônica.

Marroquinos e alsacianos produzem uma vida comunitária judaica e, apesar das profundas diferenças, se reconhecem também como judeus, ligados por vínculos e continuidades. Sinagogas, clubes e jornais fundados por esses imigrantes podem ser considerados referências originárias das entidades judaicas contemporâneas, quer no Norte do Brasil, em estados como Pará e Amazônia, quer no Sudeste, no antigo Distrito Federal (Rio de Janeiro) e em São Paulo. O pertencimento imaginário a uma origem comum estabeleceu laços identitários entre grupos tão diversos quanto plurais. Línguas, tradições, hábitos alimentares e perspectivas ideológicas não são capazes de desconstruir um vínculo sólido com a identidade judaica. Em respeito à imigração judaica nas Américas, o historiador Haim Avni[10] trabalha com a ideia de uma dinâmica de "coesão e dispersão". Em relação à "dispersão", Avni defende que os judeus que se estabelecem em países da América do Sul se dividem por procedência e por correntes ideológicas e partidárias distintas, com dinâmicas bem definidas, em razão de vínculos de origem e pertencimento "geográfico" (sefaraditas ou ashkenazitas, originários da Europa Oriental ou Central, de pequenas aldeias ou grandes cidades etc.), ou ainda de ingredientes culturais e políticos que os imigrantes carregam em diversas bagagens intelectuais trazidas das mais variadas origens, com as quais eles adentram ou mesmo constituem a "vida comunitária" dos lugares de destino.

Se, por um lado, os imigrantes judeus são divididos por origens migratórias e por referências ideológicas e políticas distintas, por outro, há também dinâmicas contraditórias que resultam, não raro, da necessidade de "coesão comunitária". Essas dinâmicas são influenciadas por vicissitudes e mudanças nos cenários históricos que garantem maior ou menor legitimidade e força a grupos específicos em certas fases ou momentos políticos.

Aqui, mudanças nos cenários da política internacional afetam relações comunitárias internas, fortalecendo determinadas posições políticas e ideológicas ou deslegitimando e enfraquecendo outros grupamentos políticos. Nesse sentido, é interessante observar que episódios agudos e graves na conjuntura internacional influenciam movimentos, que então se adaptam e se adéquam diante dos desenvolvimentos na Europa e nos Estados Unidos.

A imigração judaica no Brasil é marcada de forma perene por essas vicissitudes. Os judeus marroquinos que se estabeleceram no Norte, por exemplo, logo criaram vínculos com as elites locais e se consolidaram nas sociedades em formação. Já em meados do século 19, não era raro encontrar nomes judeus em atividades comerciais e políticas em cidades da região.

Eliezer Levy (Gurupá, 1877-Belém, 1947) foi um judeu muito importante no Pará, advogado reconhecido e prefeito de duas cidades, Afuá (PA) e Macapá (AP). Além disso, tornou-se coronel da Guarda Nacional, motivo pelo qual ficou conhecido (curiosamente) como Major Levi. Muito ligado à política nacional, esteve sempre vinculado ao Partido Republicano Federal, o primeiro que aspirava a um projeto efetivamente nacional de poder, e era muito próximo do governador do Pará, Lauro Sodré, cuja gestão foi de 1891 a 1897.

Pode-se afirmar que membros da institucionalidade judaica do norte do país produziram uma sociabilidade política muito bem-sucedida, mediante o estabelecimento, entre a segunda metade do século 19 e as primeiras décadas do século 20, de fortes contatos com a elite política da região.

Isso, no entanto, não significou afastamento de práticas comunitárias judaicas. O próprio Major Levi se vinculou desde cedo ao Movimento Nacionalista Judaico (sionista) e fundou um jornal dessa linha, o *Kol Israel*, em 1918. Este seria o segundo jornal judaico-sionista em língua portuguesa no Brasil. O primeiro, *A Columna*, fora criado, em 1913, por um judeu de origem marroquina, David José Perez, recém-estabelecido no antigo Distrito Federal.[11]

O sionismo era uma das correntes mobilizadoras da política comunitária no Norte brasileiro. Ao lado das disputas eleitorais locais e das atividades religiosas e culturais, o nacionalismo judaico era uma das referências fundamentais da nova identidade dos judeus da Amazônia.

Não foi apenas a sociabilidade política e econômica que marcou a vida da imigração judaica marroquina no Norte. Em fins do século 19, a morte do rabino Emanuel Muyal provocou vínculos espirituais e místicos com o Brasil. Na ausência de um cemitério judaico, o rabino Muyal foi enterrado no cemitério São João Batista, em Manaus. Considerado um santo homem, logo seu túmulo tornou-se objeto de peregrinação e pedidos de preces, tanto para judeus como para cristãos manauaras.[12]

A grande crise gerada pela Primeira Guerra Mundial, como a experiência da fragilidade da vida judaica nos países do nordeste da Europa e o aumento das tensões no continente, levou judeus e projetos judaicos de imigração a selecionar o Brasil como um destino possível em razão do fechamento dos portos nos Estados Unidos e na Argentina, entre 1923 e 1924.[13]

Importante notar, porém, que, antes da chegada do maior contingente de judeus ashkenazitas nos anos 1920, outra crise, de caráter socioeconômico, havia produzido uma imigração judaica bastante específica, e que foi silenciada pelas futuras gerações de imigrantes que aqui se firmaram. No início dos anos 1910, despontam na cidade do Rio de Janeiro algumas instituições relacionadas às "polacas", como eram conhecidas as prostitutas judias aqui estabelecidas. Conhecida por Zwi Migdal, essa ampla rede se espalhou por cidades do Novo Mundo, em que judias prostitutas e cafetões, também judeus, se tornaram referências importantes de cultura e religião judaica.

Surgida na cidade de Varsóvia no ano de 1860, a chamada Sociedade de Ajuda Mútua Judaica Zwi Migdal consistia em uma organização de tráfico internacional de mulheres, que expandiu suas atividades para as cidades de Nova York, Buenos Aires, São Paulo e Rio de Janeiro, entre outras.

No Brasil, por exemplo, eles chegaram antes das grandes ondas de imigração judaica das primeiras décadas do século 20. Ao se estabelecerem aqui, essas pessoas criaram comunidades e instituições judaicas que pudessem dar conta de suas demandas culturais e religiosas. Esse foi o caso da Associação Beneficente Funerária e Religiosa Israelita (ABFRI). Em 1º de outubro de 1916 (no décimo aniversário da associação), é anunciada a criação do chamado Cemitério de Inhaúma, o primeiro cemitério judaico da cidade do Rio de Janeiro.

Em relação aos chamados "judeus impuros",[14] pode-se afirmar que esse grupo, de fato, manteve uma vida cultural, social e religiosa de importância no Rio de Janeiro dos anos 1910. Vítimas ou cúmplices da organização Zwi Migdal, essa parcela dos judeus ashkenazitas criou, na então capital federal, estruturas de sociabilidade que surgiram antes das várias entidades dirigidas por "judeus puros" na cidade.[15] Sinagogas, teatros e até cemitérios foram erguidos para sanar a carência dessa "comunidade paralela". Nas décadas iniciais do século 20, esses "impuros" constituem um grupo de grande visibilidade na já dinâmica cidade do Rio de Janeiro, aquela com maior número de judeus no país naquele momento.

Uma das personagens-chave para a organização social das polacas e para a abertura do Cemitério de Inhaúma foi Rachel Pick, uma judia nascida em Varsóvia que chegou ao Brasil no final do século 19. Ela mantinha um cabaré no bairro carioca da Lapa e paralelamente se consolidou como uma das mais importantes lideranças comunitárias das polacas. Pick era mãe de Francisco Pick Bittencourt (1918-1969), mais conhecido como Jacob do Bandolim, uma das referências fundadoras do chorinho na história da música popular brasileira.[16]

Se as entidades dos "judeus impuros" se estabeleceram nos primórdios da vida judaica em cidades como Rio de Janeiro e São Paulo, não se pode afirmar que elas chegaram a disputar a hegemonia comunitária. Muito pelo contrário, a visibilidade social das polacas e de suas organizações criou desconforto e incômodo entre os outros imigrantes judeus no país, o que gerou estratégias de silenciamento e apagamento das entidades criadas por essa população. Até muito pouco tempo, as polacas eram praticamente ignoradas pela "memória oficial" da comunidade judaica brasileira.[17] Apesar de judias e imigrantes, elas estavam fora da dimensão étnica e cultural que produzia aquilo que Haim Avni chama de dinâmicas de "dispersão e coesão" características da imigração judaica nessas terras.

As atividades profissionais e os valores morais das entidades citadas não eram aceitos como referências de pertencimento judaico. Os esforços para manter as tradições (com sinagogas e cemitérios) e a cultura ashkenazita iídiche (com teatros e lugares de apresentação musical) não foram suficientes para incluir as polacas no horizonte identitário. "Judias não judias", suas origens étnicas e religiosas não garantiam participação nas estruturas judaicas mais amplas nem pertencimento; "coesão" era um sonho inalcançável para esses homens e mulheres.

Talvez em uma arqueologia da exclusão, as polacas tenham sido o primeiro projeto bem-sucedido de afastamento e "desconversão". Esse projeto não desapareceu com o fim das entidades polacas, mas continuou com outras dinâmicas e objetivos, em outros tempos.

É somente a partir da década de 1920 que o país se torna, com efeito, um dos destinos preferidos de imigrantes judeus da Europa: "Os imigrantes judeus do Leste Europeu [...] expandiram a população judaica de 15 mil[,] em 1920, para aproximadamente cinco vezes mais duas décadas mais tarde [...]".[18] Antes disso, em fins do século 19 e na primeira década do século 20, as massas judaicas europeias não eram atraídas pelo Brasil. Até esse momento, as notícias que chegavam aos judeus davam conta de que o país "se assemelharia a uma grande selva, atrasado e sem indústrias, o que dificultaria o grande sonho das massas judaicas de ascensão social e de enriquecimento".[19]

Para Jeffrey Lesser,

[...] houve diversas razões para que a imagem do Brasil começasse a melhorar na década de 1920; uma delas foi a sua localização. Para aqueles que desejavam se estabelecer na bastante conhecida Argentina, constituindo uma parada intermediária em seu rumo de saída da Europa Oriental. Ainda que um significativo número de imigrantes planejasse mudar-se para outros locais, a relativamente forte economia brasileira era atraente. Instituições comunitárias e religiosas formadas recentemente forneciam assistência social aos recém-chegados [...]. O Brasil já não era uma terra de macacos, mas uma terra de prosperidade e poucos conflitos religiosos.[20]

As tabelas a seguir demonstram o quadro das imigrações judaicas nas Américas e, especificamente, no Brasil de 1925 a 1935.

Tabela 1. Imigração judaica para as Américas (1925-1935)

| País | 1925 | 1930 | 1935 |
|---|---|---|---|
| Polônia | 802 | 1 168 | 1 130 |
| Alemanha | 0 | 0 | 357 |
| Rússia | 225 | 0 | 0 |
| Romênia | 220 | 0 | 144 |

Tabela 2. Estados e sua população judaica (1900-1950)

|  | São Paulo | Rio de Janeiro | Distrito Federal | Rio Grande do Sul |
|---|---|---|---|---|
| 1900 | 226 | 25 | 0 | 54 |
| 1940 | 20 379 | 1920 | 19 473 | 619 |
| 1950 | 26 443 | 2 209 | 25 222 | 8 048 |

Fonte das tabelas: Michel Gherman. "Imigração Judaica nos anos 1920: o Brasil como destino". In: *Sionismo Periférico: Ambiguidades da história inicial do sionismo no Brasil (1900-1920)*. 2014, p. 211. (Doutorado em História Social).

É nesse momento que surgem nas grandes cidades brasileiras as primeiras entidades judaicas que se estabelecem de acordo com lógicas geográficas, políticas e ideológicas. Na gênese das estruturas comunitárias judaicas, podemos encontrar associações de ajuda aos imigrantes, de préstimo aos recém-chegados e, também, organizações de caráter cultural e político, reproduzindo as questões pertinentes aos ambientes de origem, na Europa Oriental.

Mais uma vez, a imigração judaica ao país se estabelece como resultado das demandas dos lugares de origem. As grandes transformações ocorridas na Europa do século 20 alteraram os horizontes de expectativa dos judeus habitantes de regiões que sofriam com mudanças e transformações radicais.

O leste da Europa, que concentrava grande parte da população judaica do continente, enfrentava grandes vicissitudes, o que afetou em larga medida as populações socialmente periféricas, como era o caso dos judeus. Eventos como a Revolução Russa, em 1917, e a Primeira Guerra Mundial deixaram os judeus em situação de miséria, o que, aliado à perseguição que sofriam, acarretou o fenômeno da emigração.

Perspectivas emancipatórias, liberais e cidadãs mostravam-se limitadas. Promessas de participação nacional e de conquista de igualdades civis cediam espaço para perspectivas eugênicas, racistas e antissemitas. A desilusão com as soluções moderadas para a questão judaica os levou a apostar em modelos de revolução e ruptura, tanto no leste da Europa como nos países de imigração dentro e fora do continente.

Dentre as opções mais radicais, duas delas se configuraram em alternativas concorrentes e hegemônicas: o sionismo e o socialismo.

Se as referências liberais emancipatórias se mostravam insuficientes e se as alternativas tradicionais e religiosas já não eram mais relevantes, judeus europeus elaboraram novas estratégias de pertencimento e articularam uma nova percepção de judaísmo e de judeidade.

A nova cultura judaica, universal, materialista e inclusiva, que surge a partir do século 18 na Europa, disputou espaço com o judaísmo particularista, metafísico e exclusivista. Formas inéditas de "ser judeu" surgiram no horizonte e produziram novas gramáticas de pertencimento e identidade. Ser judeu passou a significar, no início do século 20, arranjos identitários distintos do significado vivenciado pelas gerações anteriores.

Isaac Deutscher, um dos intelectuais de esquerda mais importantes do século 20 — e uma de minhas grandes referências —, havia passado, ele próprio, por esses processos de transformação. Nascido na cidade de Chrzanów, na Polônia, em 1907, e falecido em Londres, em 1967, judeu ortodoxo e chassídico na infância, ele se converteu em judeu revolucionário e escritor marxista na juventude. Foi um dos maiores biógrafos do líder socialista Leon Trótski (1879-1940).

Mas, depois de toda essa mudança, o menino ortodoxo de Chrzanów que se transformara em um dos maiores nomes da cena progressista europeia continuava se sentindo judeu? Vejamos:

> Daí em diante, empreguei os meus melhores anos, anos de atividade política, entre os trabalhadores judeus. Escrevia em polonês e em iídiche e sentia que minha identidade se fundira com o movimento operário da Europa Oriental em geral e da Polônia em particular. Nós, como marxistas, tentávamos, teoricamente, negar que o movimento operário judeu possuísse um caráter próprio. Mesmo assim, porém, possuía. Era bastante óbvio que, naquele movimento operário, o intelectual achasse a sua função e não tivesse de se dar ao trabalho de defini-la. Da classe operária da Europa Oriental veio o florescimento da cultura iídiche. Aquela língua vigorosa, rica,

renovando-se e enriquecendo-se constantemente, tornar-se-ia, da noite para o dia, uma língua morta. Poetas e escritores judeus se apoiaram naquele movimento operário que vimos afundar no nada, como a Atlântida.[21]

Essa identidade, claramente judaica e universal, havia fundado a identidade judaica moderna e contemporânea do entreguerras no leste da Europa. Se questões sobre permanecer ou não sendo judeu faziam parte da formação do intelectual progressista, as próprias massas judaicas davam as respostas: era praticamente impossível abandonar essa identidade cultural, ética e religiosa.

O pertencimento, os vínculos culturais e étnicos pululavam nas mobilizações, nos protestos e nas línguas. E no antissemitismo cada vez mais presente na Europa dos anos 1920. A questão sobre ser judeu ou não era cada vez menos relevante. É o que Deutscher deixa claro:

> Se não é a raça, que é então que faz um judeu? Religião? Eu sou ateu. Nacionalismo judaico? Sou internacionalista. Dessa forma, em nenhum dos dois sentidos sou judeu. Sou judeu, entretanto, pela força de minha incondicional solidariedade aos perseguidos e exterminados. Sou judeu porque sinto a tragédia judaica como a minha própria tragédia; porque sinto o pulsar da história judaica; porque daria tudo que pudesse para assegurar aos judeus autorrespeito e segurança reais e não fictícios.[22]

No Leste Europeu, havia identidades judaicas modernas que se enfrentavam pela hegemonia das massas judaicas: o liberalismo, a autonomia cultural judaico-socialista (do partido Bund)[23], o nacionalismo judaico e o socialismo.

No Bund, judeus encontravam uma sociabilidade ao mesmo tempo judaica e universal. Caminhavam com projetos de mundo e de países. Sionistas e socialistas das mais diversas correntes sonhavam com Israel ou com a revolução, cantavam músicas e hinos e criavam projetos e programas.

Projetos de um Estado Judeu e de uma revolução socialista produziram entidades, organizações e partidos. Bibliotecas, correntes, sionistas revisionistas, sionistas socialistas, bundistas e comunistas, foram esses judeus que emigraram para o Brasil aos milhares nos anos 1920; todos judeus, profundamente judeus, atavicamente judeus e amplamente diferentes entre si.

Coesão e pluralidade determinavam práticas e reconhecimento mútuos. Não foi um judaísmo religioso e mumificado que criou as entidades judaicas no Brasil. Foi um judaísmo em transformações radicais e dinâmicas; o país de chegada foi parte do laboratório sobre ser judeu e ser cidadão do mundo iniciado na Europa.

As duas correntes mais opostas, nacionalistas judeus e judeus comunistas, se enfrentavam imaginando suas respostas como as mais adequadas para a questão judaica. Somando-se à própria experiência brasileira, a identidade judaica no país foi produto mais das mudanças do que das permanências.

Aqui, lançamos mão das memórias de um típico imigrante do Leste Europeu, que chegara ao Brasil no início do século 20, Abraham José Schneider, nascido na região onde hoje se situa a cidade de Lviv, antes chamada de Lvov-Lemberg, em 1913. Embora tivesse nascido austríaco, durante sua permanência Lviv passou a pertencer à Polônia e hoje faz parte da Ucrânia. Schneider desembarcou no Brasil em 1933:

> Eu cheguei ao Brasil, no Rio de Janeiro, no dia 4 de julho de 1933, quando eu tinha entre dezenove e vinte anos. Minha irmã, que praticamente me criou, morava na rua do Santana, no Rio de Janeiro, e foi ela quem me trouxe ao Brasil.

[...] Na mesma época, diariamente chegavam imigrantes, que fugiam com medo dos nazistas que tomaram o poder na Alemanha, cujo slogan era algo como "Onde os judeus estiverem, nós vamos atacar". Vinha muita gente da Polônia, da Lituânia, da Romênia, da Alemanha etc.[24]

Schneider frequenta aqui uma associação judaica de esquerda, ou progressista, como era chamada, a Biblioteca Scholem Aleichem (BIBSA), que, acima de tudo, era uma referência cultural e de sobrevivência. Neste sentido, era mais um elemento na "rede" de solidariedade que norteava a vida da comunidade judaica do Rio de Janeiro, concentrada naqueles anos na praça Onze,[25] onde se localizava a própria biblioteca:

Quando eu cheguei aqui, nós morávamos na rua Santana, 77. Eu disse que queria uma escola, na Praça Onze tinha uma escola, a escola Benjamim Constant.

Quando eu cheguei lá de noite, de dia eu trabalhava, [eles] me viram, uma pessoa de cabelo vermelho e olhos azuis, não sabendo falar uma palavra de português. Eles começaram a falar, eu não entendia nada. A escola era de alfabetização, tinha cada indivíduo grandalhão lá que não sabia escrever. A moça chegou e viu que eu não compreendia nada do que ela falava, me deu um livro e me disse com gestos: Você sabe escrever?

E eu sempre fui muito bom em letra, quando comecei caprichar, escrever no quadro-negro e ela me viu escrevendo, chegou perto de mim, me deu um abraço e um beijo e disse: "Meu filho, aqui é lugar de analfabeto, vai procurar uma escola que é pra você, você é muito bom".

Aqui, então, só me sobrou a Biblioteca Scholem Aleichem. Ficando lá como sócio, eu pagava muito pouco por mês. Comecei a estudar e, não demorou muito tempo, entrei na diretoria [...], na parte cultural e política, sempre fui progressista.

Ao desembarcar na praça Mauá, Schneider já tinha uma formação "progressista", iniciada ainda na Polônia, resultado das mudanças ocorridas em seu ambiente de origem. Até sua emigração, a militância em organizações de esquerda funcionava, ao mesmo tempo, como elemento de ruptura das formas tradicionais de vida e como ponto de aglutinação, sob a perspectiva da "nova identidade judaica":

> No princípio, antes de vir para cá [Brasil] eu comecei a trabalhar [...]. Quando tinha, mais ou menos, catorze, quinze anos, meu pai disse que não podia mais me sustentar, então me botaram como alfaiate para aprender o ofício, minha profissão até aqui.
> Então lá, eu pertencia ao Bund, porque na escola éramos 62 alunos, no último ano, 7º ano. Dos cinco garotos "iídiches", os outros quatro eram mais ou menos bem de vida, e o quinto era eu. Me botaram para ser alfaiate, eles acharam que a profissão era muito vil para que eles se dessem comigo, me abandonaram. Os outros garotos, os alfaiates mesmo, diziam "Vai com os ricos". Eu fui para a cidade de Lvov-Lemberg e comecei a trabalhar como alfaiate, ajudante, porque não é fácil aprender o ofício, e eu queria ser um bom profissional. O único meio que eu tinha era entrar no Bund. E posso dizer que só saí quando cheguei aqui.

Sionistas e progressistas, leitores e editores de jornais e livros nas cidades brasileiras eram vendedores a prestação, comerciantes, professores e ativistas comunitários. Todos eram produto das mudanças na Europa judaica que afetavam fortemente as relações com o Brasil.

No mundo do pré-guerra, sionistas e comunistas enfrentavam projetos distintos em suas propostas de identidade e mudança.

No momento da ascensão do nazismo, judeus imigrantes que apoiavam o socialismo e eram admiradores da União Soviética apostaram suas fichas no Exército Vermelho. A esperança era de que o país operário e revolucionário derrotaria Hitler e os nazistas. De outro lado, sionistas, em suas mais diversas correntes, acreditavam na criação do Estado judeu como forma de defesa e sobrevivência nacional do povo israelita.

Nenhum deles, desde a diáspora brasileira, imaginava, entretanto, o que aconteceria na Europa ocupada. O extermínio dos judeus europeus superava qualquer conjectura, prognóstico ou perspectiva mais pessimistas. As notícias sobre o desaparecimento de famílias que permaneceram na Europa alteravam, de forma inédita e definitiva, a subjetividade do judeu que se dirigira ao Brasil, bem como de todos os judeus do mundo.

Se o antissemitismo sempre fora uma referência para os judeus europeus que se estabeleciam no Brasil, esse antissemitismo exterminador era inimaginável e impensável, apesar da memória de perseguição aos judeus europeus. A vida na diáspora passou a ser vista como um risco à vida de todo judeu e de toda judia.

As notícias do pós-guerra transformavam as gerações vindas da Europa em virtuais sobreviventes do Holocausto. Notícias de desaparecimento de familiares e comunidades inteiras transformariam para sempre a experiência de ser judeu no Brasil e em qualquer outro lugar. Em algum sentido, a experiência do Holocausto era tão pungente e destruidora que "colonizou" a percepção do "ser judeu", relacionado intrinsecamente com a noção de ser vítima da Shoá.[26]

As tentativas do pré-guerra de formar estruturas gerais comunitárias esbarravam na vitalidade do pluralismo das entidades judaicas. Enquanto representantes sionistas, como o rabino Yeshayahu Raffalovich,[27] buscavam a criação de uma *Kehilá* ou comunidade dirigida pelos representantes do nacionalismo judaico, os progressistas somente a aceitariam se fossem eles os dirigentes. Dessa forma, até o fim da Segunda Guerra Mundial, a pluralidade ideológica e política impedia uma organização hierárquica e vertical, ou seja, a centralização da liderança. Tudo mudou no pós-guerra, principalmente depois de descobertas as dimensões do genocídio judaico.

Se os comunistas, progressistas e socialistas apostavam em mudanças radicais da sociedade para garantir a superação do antissemitismo, os sionistas acreditavam que apenas um Estado forte, munido de um exército potente, poderia garantir a segurança do povo judeu na diáspora. Enfim, de maneira trágica e inesperada, o Holocausto apontou, quase pedagogicamente, que os sionistas sobreviveram, enquanto os universalistas progressistas foram atropelados pelos nazistas e seus apoiadores.

Em certo sentido, a maior e mais trágica experiência judaica tornou-se a bússola da comunidade no Brasil e no mundo. Não confiar no outro e apostar nas próprias forças, mantra do movimento sionista, tornou-se o modus operandi das estruturas comunitárias na diáspora. Nas palavras de Isaac Deutscher:

> Os antissionistas induziam os judeus a confiar na sua vizinhança não judia, a ajudarem as "forças progressistas" à sua volta, a atingir posições de comando e, dessa maneira, a esperar que essas forças pudessem efetivamente defender os judeus dos antissemitas. "A revolução social dará aos judeus igualdade e liberdade. Não terão, desse modo, necessidade de um Messias sionista." Era este o argumento básico de gerações de judeus da esquerda. Os sionistas, por outro lado, insistiam no ódio profundamente arraigado nos não judeus contra os judeus e induziam os judeus a não confiar seu futuro a ninguém, exceto no seu próprio Estado. Com esta controvérsia, o sionismo pagou um preço que não pensava nem esperava: 6 milhões de judeus foram exterminados nas câmaras de gás de Hitler para que Israel tivesse o primeiro alento. Seria melhor que Israel não nascesse e que vivessem os 6 milhões de judeus. Mas

quem pode culpar o sionismo e Israel por esse resultado diferente? Israel é muito mais que a colônia espiritual dos guetos do Leste Europeu. É seu grande, trágico e póstumo destino, lutando pela sobrevivência com imbatível vitalidade.[28]

No Brasil a "sionistificação" das estruturas comunitárias possibilitou a formação da tão esperada "comunidade", então dirigida e centralizada pelos grupos sionistas.

Na nova gramática política, defender Israel, o Estado judeu e suas políticas parecia ser a única alternativa, já que esse judaísmo colonizado pela memória da Shoá era visto como política de Estado, e não como identidade política. As críticas a Israel ou ao sionismo eram entendidas como um retorno "às fronteiras de Auschwitz", como dizia Abba Eban (1915-2002), histórico diplomata israelense.[29]

Entidades representativas gerais, como a Conib, foram fundadas junto a federações israelitas dos estados brasileiros nos anos imediatos depois da Segunda Guerra Mundial e do Holocausto.

Invariavelmente, o chamado "sionismo de Estado" e a relação atávica com o Estado de Israel eram as referências ideológicas hegemônicas. Em paralelo, grupos não sionistas perderam força nas estruturas comunitárias e se mantiveram ativos apenas em grupos minoritários.

Mas não é apenas isso: grupos sionistas críticos das políticas específicas de Israel começaram, no pós-guerra, a ser vistos com desconfiança e se confundem com perspectivas antissionistas e (eventualmente) antissemitas.

Nesse contexto, grupos que se opõem às políticas de ocupação de Israel nos Territórios Palestinos, ou setores que são contrários, por exemplo, à aprovação de leis racistas no Estado, como a lei nacional, que estabelece legalmente um status inferior à língua árabe no país, são tratados como adversários amargos e confundidos com antissionistas perenes, que devem ser combatidos e monitorados.

Outro exemplo importante é dado pela oposição de grupos sionistas de esquerda à invasão israelense ao Líbano e ao subsequente massacre de Sabra e Chatila, em 1982.[30] Apesar de essas posições serem conhecidas em Israel e contarem então com relativo apoio da opinião pública, a presença desses grupos no Brasil foi malvista nas estruturas comunitárias, onde eles foram tratados como gente "mais de fora do que de dentro".

Por fim, é válido lembrar que o pós-guerra consolidou aqui o modelo de "democracia racial". Influenciada pela obra de Stefan Zweig, *Brasil, um país do futuro*,[31] a política brasileira estabeleceu a ideia de que a miscigenação e as trocas raciais impossibilitavam, virtualmente, o racismo no Brasil. O país do futuro teria relação, nesse sentido, mais com um projeto em comum do que com uma origem comum.

O romancista austríaco Stefan Zweig conheceu o Brasil quando estava a caminho de uma conferência literária na Argentina, nos anos 1930. Ao ser recebido pela elite brasileira e ao circular pelas ruas do Rio de Janeiro, Zweig se sente em outro mundo, em relação ao que conhecia na Europa. Sem saber profundamente a história do país e as relações raciais que aqui se estruturavam, ele percebeu que no país a miscigenação se impunha a discursos de pureza racial. Com a intervenção de conhecidos locais, o autor se estabeleceu no Brasil como refugiado.

Não seria, pois, a nostalgia de um passado de mitos fundacionais que moveria a brasilidade, mas sim um futuro que surgiria como tal. Um mito que viria e traria a redenção para um povo mestiço e miscigenado. No entanto, Zweig e sua companheira, Lotte Altmann, cometeram suicídio em fevereiro de 1942. Ambos foram enterrados com ritos judaicos e honras de Estado no cemitério municipal de Petrópolis, no Rio de Janeiro.

Nesse contexto, raça e racismo seriam, segundo posições ideológicas estabelecidas, termos desconhecidos na vida local. Essa perspectiva agradou bastante os imigrantes judeus no Brasil. Primeiro, por serem escolados nos riscos da gramática do racismo na Europa. E, segundo, por serem considerados brancos no pós-guerra, o desenvolvimento econômico no Brasil fortaleceu a situação econômica e social das populações urbanas e brancas, setor no qual se concentrava a maioria dos judeus brasileiros.

A ascensão social desses imigrantes e seus descendentes produziu nos judeus aqui estabelecidos a percepção de que eles eram brancos, pois, ao contrário do que supunha a utopia não racializada do país do futuro, sempre houve no Brasil relação direta entre ascensão social e cor da pele. Assim, estrategicamente, a branquitude garantia avanços em um país que exclui e violenta os não brancos. Nesse contexto, judeus brasileiros com status racial interditado na Europa conquistam aqui o direito a serem brancos e, assim, a terem mais condição de crescer socialmente.

Tal percepção explica também o vínculo forte com a ideologia da democracia racial, oficialmente problematizada pela política pública apenas no início dos anos 2000, apesar dos esforços do movimento negro por décadas antes disso, e vai ser importante para promover a compreensão dos processos políticos de fortalecimento da extrema direita, como veremos.

Atualmente há cerca de 100 mil judeus no Brasil. Pode-se dizer que as estruturas comunitárias e as agendas políticas são descendentes da formação de entidades no pós-guerra. Assim, sionistificação, apelo à democracia racial e formação de entidades verticalizadas e menos plurais são elementos significativos para entendermos os judeus hoje no país.

## Um discurso e os convertidos

Em 2017, Jair Bolsonaro era um fenômeno. Nas pesquisas eleitorais, aquele deputado do baixo clero já sobressaía. Sem a presença do ex-presidente Lula em um cenário de grave crise econômica, em conjunto com denúncias de corrupção e um forte discurso antiestablishment, Bolsonaro foi eleito presidente do Brasil.

Lula seria preso exatos doze meses depois, mas naquele momento poucos esperavam vê-lo disputando as eleições de 2018. O então pré-candidato Bolsonaro fazia o estilo simples e direto. Falava o que pensava e deplorava o politicamente correto. Parecia ser isso que o conectava com as massas de eleitores. Bolsonaro construiu a imagem de um candidato popular, quase que um personagem de TV ou das redes sociais, e levava polêmica aonde quer que fosse, fazendo o estilo de alguém "próximo do povo".

Para os eleitores judeus, havia questões ainda mais destacadas; Bolsonaro tinha acabado de retornar de Israel, aonde fora visitar símbolos religiosos e políticos, museus, como o do Holocausto, além de lugares religiosos, como o Muro das Lamentações.

Ao retornar, toda a sua viagem havia se transformado em material de campanha. Produziu-se mídia sobre ela, inclusive em hebraico (apesar de as letras estarem ao contrário no texto lançado).

Seus filhos, que acompanharam o pai a Israel, haviam começado a se vestir com símbolos israelenses e sionistas. Ou seja, os Bolsonaro tinham feito uma viagem "judaico-cristã-sionista" a Israel — vale lembrar que ele também foi batizado no rio Jordão —, e, no retorno ao Brasil, ele e sua família incorporaram tanto essa linguagem como essa estética.

Nesse contexto, judeus brasileiros foram até a Hebraica para ouvi-lo, sem efetivamente entender aqueles que faziam oposição à palestra de um "aliado de Israel".

Tendo se constituído com uma perspectiva de minoria populacional no Brasil, os judeus brasileiros finalmente viam seus símbolos usados no espaço público. Israel, sionismo e judaísmo estavam sendo utilizados e compartilhados pelo candidato que liderava as pesquisas eleitorais.

Referências quase secretas da comunidade judaica, e que não eram conhecidas ou compreendidas por não judeus, começaram a ser tratadas como lugar-comum nas ruas brasileiras. Seus vizinhos e seus amigos votariam, assim se imaginava, no mesmo candidato e usavam o mesmo símbolo que eles. Como judeus poderiam se opor a esse processo tão poderoso?

### A PALESTRA DE BOLSONARO

Havia cerca de trezentas pessoas entrando para assistir à apresentação de Jair Bolsonaro na Hebraica do Rio. Mas havia também um número parecido com esse de manifestantes concentrados diante do clube para protestar. Dentro, eles tinham como companheiros líderes de extrema direita, pastores evangélicos e outros religiosos, ao passo que fora eram apoiados por ativistas de esquerda e lideranças na luta pelos direitos humanos.

Afora temas nacionais mais gerais, a esquerda brasileira era percebida, pelos que foram assistir à palestra do capitão, como inimiga de Israel e dos judeus, tudo isso, principalmente, em face de uma suposta posição "anti-Israel" que os governos de esquerda teriam mantido até então. Bolsonaro representava para eles justamente o contrário disso. Nesse sentido, ele seria "amigo dos judeus e aliado de Israel". O capitão do Exército seria, portanto, um alívio. Uma novidade bem-vinda aos judeus brasileiros e conservadores que durante os governos de esquerda viveram angustiados e tensos com supostas posições pró-Palestina e anti-Israel.

Por outro lado, para os que estavam fora, Bolsonaro era a encarnação da discriminação e do racismo. Representava o Brasil branco, negacionista e escravocrata. A esquerda e o campo democrático eram o obstáculo contra o fascismo. Para eles, a ida de um candidato de extrema direita ao clube era uma ameaça mortal aos seus mais profundos valores judaicos.

Para além de um debate exclusivamente judaico, a Hebraica, naquela noite de abril de 2017, representava o acerto de contas entre dois Brasis. Um Brasil das cotas e das ações afirmativas, que havia começado havia pouco com políticas públicas no governo Fernando Henrique Cardoso e que se consolidara nos governos do Partido dos Trabalhadores, estava fora do clube judaico das Laranjeiras. Enquanto isso, um Brasil branco, que tinha adotado os modelos da "democracia racial" e que apostava na miscigenação, bem como no enfraquecimento das lógicas raciais que o movimento negro insistia em usar — essa parte do país que se sentia traída pelas políticas de ação afirmativa e pelas práticas de racialização das relações sociais estava dentro do clube.

Uma classe média assustada com a escalada da violência nas cidades e que exigia maior atuação e repressão policial estava no interior da Hebraica. Um país que se desesperava com a violência policial contra jovens negros e periféricos e que exigia mais direitos humanos para todos estava do lado de fora, manifestando-se. Essas referências pareciam espelhar-se no que ocorria no clube das Laranjeiras: os que entravam queriam se sentir protegidos entre as paredes de uma instituição comunitária, e os que estavam fora investiam na rua e no espaço público para derrotar o fascismo e gritar "não em nosso nome". Um país que discutia o direito ao aborto e que debatia sobre gênero e sexualidade estava se manifestando. Um país que considerava esses debates formas de degeneração moral e um risco à família brasileira estava pronto para escutar Bolsonaro dentro do clube judaico no Rio de Janeiro.

Por fim, os judeus que olhavam para afrodescendentes e outras minorias sociais como parceiros nas lutas contra o racismo e o antissemitismo e que apostavam na valorização da memória e dos legados da escravidão e do Holocausto gritavam na porta da Hebraica. Aqueles que defendiam a exclusividade judaica da memória do genocídio judaico e consideravam quaisquer usos políticos mais contemporâneos da Shoá como "banalização" do tema estavam ali dentro para escutar Bolsonaro.

Para além de uma palestra e de uma manifestação, eu percebi a fala de Bolsonaro na Hebraica como o fim dos acordos e consensos que sustentaram o Brasil nos últimos anos. Tudo aquilo me fez entender os processos da formação social brasileira. A própria história dos judeus no Brasil parecia se esvair e se transformar diante de nossos olhos. Como um resumo da história política brasileira, o caso da Hebraica me deu condições de entender outro Brasil que surgia simbolicamente naquele dia, naquele clube, naquele bairro e naquela noite.

Esses judeus de dentro da Hebraica se articulavam com o sentimento de outros setores da (nova) classe média (brancos, cristãos e conservadores) que percebiam os movimentos dos últimos quinze anos como sendo de supressão e perda. Perda de privilégios e avanço em direção a tempos de medo.

Um horizonte turvo e assustador substituía o projeto de país ao qual esse setor se acostumara e do qual se sentia parte. Na perspectiva desse grupo, a inclusão e a expansão de direitos às minorias se tornaram ameaçadores. Eles, judeus dentro da Hebraica e milhões de pessoas pelo Brasil inteiro, adotavam o que Christina Vital da Cunha chama de "retórica da perda".

Uma "comunidade de sentimentos" se produzia ali, estabelecendo um idioma que fazia com que setores importantes da sociedade brasileira assumissem a retórica de Bolsonaro como sua. A "retórica da perda" unia judeus com cristãos e tradicionalistas do país. Bolsonaro criava uma língua com a qual falava em nome desses grupos.

Quem fazia a palestra no clube judaico era o mesmo homem que havia proferido o seguinte discurso ao votar a favor do impeachment de Dilma Rousseff:

> Nesse dia de glória para o povo brasileiro, tem um nome que entrará para a história nessa data pela forma como conduziu os trabalhos dessa Casa. Parabéns, presidente Eduardo Cunha. Perderam em 64, perderam agora em 2016. Pela família e pela inocência das crianças em sala de aula, que o PT nunca teve. Contra o comunismo, pela nossa liberdade, contra o Foro de São Paulo, pela memória do coronel Carlos Alberto Brilhante Ustra, o pavor de Dilma Rousseff. Pelo Exército de Caxias, pelas nossas Forças Armadas, por um Brasil acima de tudo e por Deus acima de todos, o meu voto é sim.

Dentro da Hebraica Rio, Bolsonaro sobe ao palco, perfila-se e presta continência ao presidente do Clube, gesto com o qual, aliás, ele termina a palestra.[1] Simbolicamente, parece iniciar-se aí uma série de demonstrações de que a nova comunidade ali se consolidava — uma comunidade civil e militar, judaica e cristã. Uma comunidade de direita, conservadora e profundamente ressentida com o que havia acontecido no país nos últimos quinze anos.

Bolsonaro inicia sua fala com críticas ao jornalista Ancelmo Gois, do jornal *O Globo*. Em uma fala muito confusa e mal formulada, o pré-candidato a presidente faz comentários desabonadores a Ancelmo e o acusa por ter criticado o governo militar. Ainda faz comentários sobre o passado do jornalista, usa referências sobre sua história de militante comunista e termina sua primeira intervenção com a seguinte afirmação:

Esse é Ancelmo. Ele [...] representa muitos jornalistas no Brasil. E obviamente, sobre o episódio, nós vivíamos uma guerra fria no Brasil. Se o outro lado tivesse ganho, nós não estaríamos aqui hoje, com toda certeza. E o que nós sofremos, os senhores também sofrem. Eu não digo os senhores, porque os senhores são brasileiros. Nós somos brasileiros aqui. Também sofrem, na questão da briga Israel-Palestina.

Depois de encerrar a estranha introdução sobre Ancelmo Gois, Bolsonaro começa a estabelecer pontes mais diretas com o público. Em mais de uma hora de palestra, o pré-candidato não citou nenhuma vez a palavra "judeu" (com exceção do termo "cultura judaico-cristã") nem lidou com o tema do antissemitismo, mas foram várias as vezes em que se referiu a Israel e aos israelenses em suas falas, como neste trecho, em que ele insinua que o Partido dos Trabalhadores e a ex-presidenta Dilma apoiaram o grupo islamista palestino Hamas: "Uma das últimas leis sancionadas por Dilma Rousseff foi o acordo cultural Brasil-Palestina. Pra meu entender, pra facilitar a entrada do Hamas aqui no Brasil. Tanto é que ela fez aquela embaixada, eu desconheço outra embaixada no mundo, ao lado da sede de comando dela".

Não raro, essas falas eram interrompidas por aplausos da plateia. De fato, ao citar Dilma e o Hamas e conectar a embaixada palestina (que ele falsamente afirma ser única no mundo) ao terrorismo islâmico, Bolsonaro parecia estar "jogando para a plateia", ou seja, queria ganhar apoio fácil e, efetivamente, recebeu gritos de "mito" depois de chamar palestinos de terroristas e o Partido dos Trabalhadores de apoiadores do Hamas.

Apesar de seu forte caráter discriminatório, e, por vezes, claramente racista, as partes mais compreensíveis e diretas do discurso de Bolsonaro foram recebidas com entusiasmo pelos presentes no salão da Hebraica Rio.

A palestra se concentra em temas específicos, aos quais o candidato retornou várias vezes. Há trechos mais confusos e pouco coerentes de caráter conspirativo ou geralmente relacionados a questões vinculadas a supostos projetos econômicos. Mas há também partes mais claras e objetivas, em que foram atacadas minorias étnicas e religiosas, ou mesmo aquelas em que ele teceu elogios a "grupos raciais".

Para além dos trechos ligados diretamente ao tema "economia" (propaganda do grafeno e do nióbio, por exemplo), é possível dividir a fala do pré-candidato em dois pontos específicos, que com frequência se interligam. São eles:

1. Há uma tentativa constante de verificação do compromisso da plateia com seu discurso. Em diversos momentos, por exemplo, Bolsonaro fala de Israel ao mesmo tempo que tenta afirmar, como

que questionando, a brasilidade da plateia: "Nós, brasileiros", "Vocês, brasileiros". Frases assim foram proferidas a todo instante. Simultaneamente, eu suspeitava que o pré-candidato temesse que aquelas imagens chegassem aos seus outros aliados de extrema direita, para os quais era importante provar, o tempo todo, que aquele público era formado por judeus de direita e brasileiros.

2. Sé há um tema dominante em suas falas, ele tem relação com xenofobia e racismo. Essas categorias, inclusive, surgem de forma objetiva no discurso de Bolsonaro. Estrangeiros brancos e não brancos são diferenciados por ele. Nesse sentido, Bolsonaro denuncia que refugiados não brancos que aqui chegaram representariam risco à estabilidade política no Brasil. Esses temas aparecem reiteradamente ao longo da palestra. Além do tratamento pouco louvável às minorias raciais no país, são afirmações claramente ofensivas.

Seria fundamental que ali ele desqualificasse as acusações de ser xenófobo, racista e simpatizante do nazismo. Como ele faz isso? Por intermédio de afirmações xenófobas e racistas feitas em um clube judaico, diante da bandeira de Israel: "Uma das acusações que recebo é de xenófobo. A minha turma veio da Itália... por ocasião da... 35, 40... e eu sou contra estrangeiro aqui dentro. Mas a época é outra".

Nesse momento, nota-se que, pela primeira vez na palestra, Bolsonaro foi ambíguo e indeciso em suas falas. Na construção de sua persona pública, ele havia criado um avô italiano que lutara na guerra ao lado de Hitler.

Essa informação era falsa e parecia denotar mais um desejo do pré-candidato do que efetivamente um equívoco. Efetivamente era possível notar, muito antes da palestra na Hebraica Rio, que Bolsonaro utiliza referências de uma origem familiar italiana recente. Bem mais recente do que a real data da chegada de seus familiares imigrantes ao Brasil.

No que talvez possa ter sido mais uma sinalização para seus apoiadores de extrema direita e simpatizantes do nazismo, Bolsonaro reafirma, no clube judaico, que seus familiares teriam vindo da Itália entre os anos 1930 e 1940, deixando espaço para a tese de que eles lutaram ao lado das forças do Eixo.

Ele fala isso com a voz mais baixa, gaguejando e com um tom pouco convincente. Em última instância, ele mentira a respeito da história dos pais. De fato, os dois nasceram nos anos 1920, no interior paulista. Eram, sim, descendentes de italianos, mas, ao contrário do que o capitão afirmava, os avós tinham chegado ao país no fim do século 19. Seu pai, Percy Geraldo Bolsonaro, filho de imigrantes italianos, era dentista prático e havia inclusive sido fichado pelo Dops por suas relações com o MDB. Muito distante de ser um soldado de Hitler, portanto.

Mais tarde, em seu discurso, Bolsonaro é aplaudido pelo público do clube judaico em Laranjeiras ao mirar nos negros, ironicamente tratados por ele como "afrodescendentes". No caso, ele adota falas nitidamente racistas a respeito dos quilombolas, utilizando referências desumanizadoras e animalescas para tratar os habitantes dessas comunidades: "Isso aí é só reserva indígena, tá faltando quilombola, que é outra brincadeira. Eu fui num quilombola. Em Eldorado paulista. O afrodescendente mais leve lá pesa sete arrobas. Não fazem nada. Acho que nem pra procriadores servem mais. Mais de 1 bilhão de reais por ano gastos com eles. Não querem nada com nada".

Depois do entusiasmo da plateia com os termos racistas usados para descrever os quilombolas, Bolsonaro volta seus ataques aos manifestantes que se concentravam diante do clube. Ele faz isso por meio de atitudes xenófobas contra refugiados e imigrantes:

Então o pessoal aí embaixo, que eu chamo de cérebro de ovo cozido. Não adianta botar embaixo da galinha que não sai pinto nenhum. Não sai nada desse pessoal [aplausos]. E daí vamos voltar aqui pra xenofobia. Não podemos abrir nosso país pra qualquer um [...]. Agora essa cruz, essa estrela é muito pesada. Mas nós vamos carregar. Senão o nosso destino vai ser sair do Brasil. Eu voltar pra Itália.

Nesse momento, uma pessoa na plateia protesta. Identificada como antibolsonarista, ela é ofendida pelo resto do público. Bolsonaro intervém e aumenta o tom: "Meus amigos brasileiros e brasileiras, ninguém é obrigado a ficar aqui, e eu fico muito feliz com um público tão seleto nessa tradicional instituição".

Quando uma manifestante antibolsonarista é descoberta assistindo à palestra, o capitão parece se entusiasmar e produz as maiores ofensas aos manifestantes que estão na frente do clube. Mas ele vai além das ofensas propriamente ditas: ao tratar de seus adversários dentro da comunidade judaica, promove uma espécie de gramática racial bolsonarista.

Se refugiados e imigrantes eram uma ameaça, se indígenas e quilombolas eram desprezíveis e deveriam ser atacados, havia para Bolsonaro uma raça (é essa a categoria que ele usa) que se diferencia por ser positiva e que deveria ser usada como modelo de inspiração: "Alguém já viu japonês pedindo esmola por aí? Porque é uma raça que tem vergonha na cara. Não é igual essa raça aí embaixo. Ou uma minoria que tá ruminando aqui do lado".

E continua: "Pode ter certeza: se eu chegar lá, não vai ter dinheiro pra ONG. Esses inúteis vão ter que trabalhar. No que depender de mim, todo cidadão vai ter uma arma de fogo em casa. Não vai ter um centímetro demarcado pra reserva indígena ou pra quilombola".

Gritos de "mito" ecoam pelo salão do Clube Judaico de Laranjeiras. Impulsionado pelo clima de êxtase e fanatismo que havia tomado conta do lugar, Bolsonaro dá uma espécie de cartada final no que diz respeito aos manifestantes: "Essa minoria daqui [referindo-se à pessoa que foi retirada do salão] e lá embaixo: deixem de ser hipócritas. Mas nós somos a maioria, nós acreditamos em Deus. A cultura judaico-cristã está em nosso meio. Nós somos brasileiros".

Nesse momento, Bolsonaro estabelece separações e divisões entre os de dentro e os de fora. Entre judeus-cristãos e entre os inimigos da nova comunidade em formação, ou seja, os judeus não judeus e anticristãos. Os que estão dentro, os judeus cristãos e brasileiros, são os "do bem", ao contrário dos que estão fora. Em uma referência de afirmação das identidades nacionais e religiosas, ele positiva as dimensões conservadoras e de direita e esvazia os de fora.

Sob os aplausos entusiasmados de judeus e cristãos de dentro, Bolsonaro exclui (ou desconverte) os judeus não judeus de fora. Parece ser ali, na Hebraica bolsonarista, que se estabelecem as novas fronteiras da nova comunidade judaico-cristã de direita, onde referências ideológicas e políticas vão substituir as dimensões tradicionais, étnicas e culturais na produção do limite da comunidade.

Na última parte do discurso, Bolsonaro centra fogo no tema dos refugiados e dos estrangeiros no Brasil. Interessante notar que se trata de um tema tradicionalmente caro às comunidades judaicas do mundo inteiro — afinal de contas, elas próprias são formadas por ex-refugiados. Nesse contexto, Bolsonaro começa a desenhar uma conspiração de refugiados que ameaça as bases socioculturais da nação brasileira. Entretanto, há alguns que ameaçam mais que outros. Ele parece usar o palco do clube da Hebraica para afirmar quais deveriam entrar e quais deveriam ser barrados:

Está pra ser transformado em lei o novo código de imigração. Tomem conhecimento, qualquer estrangeiro, um monte de estrangeiro, se alguém quiser pegar um navio e encher de haitiano, angolano, chinês, japonês... não, japonês não vem pra cá não, e jogar no porto aqui, 10 mil aqui, é só ele falar, sou refugiado, que ele passa a ter direitos.

Ele aponta que os perigos estão entre os negros (haitianos e angolanos) e os comunistas (chineses). Mais uma vez, Bolsonaro cita os japoneses como exemplo positivo, ou como "raça boa". Mas não para aí. Além do medo de o Brasil virar a casa da "mãe joana", o capitão afirma que há um plano venezuelano para encher o Brasil de estrangeiros velhos e doentes. E, diante de uma plateia de judeus, ele afirma a necessidade de criar "campos de refugiados" no país. A despeito das perigosas semelhanças históricas, este trecho é também recebido com aplausos e gritos de "mito" pela plateia do clube:

> O que o governo da Venezuela tá fazendo? Tá enchendo suas ambulâncias e carros com pessoas idosas e doenças de alta complexidade e desovando nos hospitais e postos de saúde de Roraima. O que o governo brasileiro tá fazendo? Nada. Se aceita, cria campos de refugiados. Se aceita, se não aceita, devolve.

Além disso, ele vincula a entrada de estrangeiros e refugiados ao risco provocado à segurança no país. Difícil não fazer associações com o relatório do Exército analisado anteriormente. Os estrangeiros são outros, porém as conspirações eram as mesmas:

> O Brasil não pode se transformar na casa da mãe joana. Não pode acolher qualquer um de forma indiscriminada. [...] Ouso dizer uma coisa: hoje eles estão muito mais preparados do que o pré-1964. E

nós pedimos a Deus pra que o Brasil possa novamente se salvar. Não sabemos ainda o nosso futuro, dada a quantidade de estrangeiros que tão aqui dentro. [...] Dentre eles, uma minoria que pode fazer um estrago muito maior do que nós enfrentamos de 66 a 73 dentro da luta armada e da guerra de gucrrilha no Brasil.

Há um viés claramente anti-indigienista no discurso de Bolsonaro. Usando perspectivas conspirativas de intervenção estrangeira, os indígenas são citados diversas vezes na palestra: "Porque mataram Roraima. O único rio que podia fazer uma hidrelétrica, encheram de índio. [...] Aqui são reservas indígenas no país. Onde tem uma reserva indígena, tem uma riqueza embaixo dela [...]. Mas entregaram tanto nosso país que nós não temos mais autonomia pra mudar isso aí".

Israel volta e meia é citado na palestra. Sempre partindo da lógica do "Israel imaginário", visto como um país de brancos europeus, bem-sucedido economicamente, religioso e tradicionalista (judaico e cristão), armado e militarizado e que alimentava seu povo. Ao contrário do Brasil:

> Do que eles não têm e são e do que nós temos e não somos. Dá vergonha. Foi uma viagem rápida. [...] Mas vimos uma agricultura no deserto. Onde a precipitação pluviométrica é menor que [a d]o Semiárido nordestino. Nossos irmãos lá têm segurança alimentar, enquanto nosso povo aqui, se não está faminto, está mal alimentado.

Bolsonaro usa esses exemplos como modelo para seu projeto de Brasil e fala também sobre o que supostamente o vincula com aquela plateia, Israel e o sionismo. Aliás, uma percepção ideológica bastante específica do que seriam um e outro: "Nossa viagem a Israel. Fui com meus três filhos... quatro filhos pra lá. Foi uma viagem maravilhosa pra ver como nossos irmãos vivem lá. Vamos fazer uma comparação, nós aqui, brasileiros, com Israel". Com a reação positiva da plateia, Bolsonaro decide manter-se no terreno de Israel e do sionismo. Ele parecia entender tratar-se de um terreno seguro. O capitão resolve então vincular outra característica do Israel imaginário na sua narrativa, a irmandade entre militares de lá e daqui. A Israel armada entra no jogo do bolsonarismo:

> Quando por coincidência teve o aniversário de Israel, eu não vi o "embaixador do Brasil". Dizem que ele gosta muito de passear na Palestina. Até pouco tempo atrás os senhores não tinham embaixador de Israel aqui. Eu fiquei muito feliz com o novo embaixador de Israel. Porque fui em um evento informal com meia dúzia de parlamentares e no final eu, obviamente, me apresentei como capitão do Exército. E ele se apresentou como coronel do Exército. Fiquei muito feliz em ele ser militar. Lá não tem discriminação. Aqui discriminam militares a todo momento.

Claro, a comparação entre Israel e Brasil nesse caso era contingencial e forçada. Israel não passou por uma ditadura militar, e, como o serviço militar era prestado por quase todos os cidadãos, era bastante comum que um servidor público fosse também oficial do Exército. Mas Bolsonaro aproveitou esse fato para apresentar-se como um cidadão igual aos israelenses. Assim, ele parecia querer fortalecer a percepção de irmandade e indicar o bom contato com o novo embaixador de Israel, o que de fato se provou verdade depois das eleições.[2]

Há uma insistência nas falas de Bolsonaro a respeito do tema da "maioria moral" e, em contrapartida, da minoria ameaçadora. A maioria teria valores de família, religiosos e de segurança; a minoria ameaçaria tais valores. Aqui, o candidato fazia referência constante aos manifestantes do lado de fora da Hebraica, produzindo uma espécie de divisão entre judeus não judeus (os de fora) e os não judeus judeus (ele e os companheiros que assumem valores de uma suposta civilização judaico-cristã, apesar de não serem etnicamente judeus). É clara a tentativa de Bolsonaro de incluir seus apoiadores da Hebraica na maioria moral preconizada por ele e de excluir seus detratores na porta do clube na minoria moral denunciada.

Se os de fora foram tratados como "tontos" e parte dos que talvez quisessem "eliminá-lo fisicamente", os de dentro são irmãos. Irmãos como os israelenses: "Obviamente, problemas eu tenho. Tem uns tontos lá embaixo. Mas tem muita gente que queria me tirar fisicamente de combate. Não estou preocupado com isso".

Mais de uma vez, Bolsonaro ressalta as diferenças entre os de dentro e os de fora usando as categorias de raça. Os judeus que protestam são a "raça aí de fora" e sobre eles produz referências desumanizadoras, como "seres ruminantes". A plateia reage com muito entusiasmo. É como se a comunidade judaico-cristã bolsonarista se consolidasse nesse momento. Há, efetivamente, um avivamento, um processo de conversão e desconversão em andamento.

Cerca de um mês antes da palestra na Hebraica, em fevereiro de 2017, em um discurso para apoiadores na Paraíba, o capitão havia dito: "Somos um país cristão. Não existe essa historinha de Estado laico, não. O Estado é cristão. Vamos fazer o Brasil para as maiorias. As minorias têm que se curvar às maiorias. As minorias se adéquam ou simplesmente desaparecem".

No clube judaico, ele repete a retórica. Há, entretanto, algumas dimensões simbólicas no que foi dito na Hebraica. Em primeiro lugar, Bolsonaro volta a se afirmar como "maioria ameaçada pela minoria". Porém, ele transforma os judeus que estão dentro do clube em "brasileiros" e "membros da maioria judaico-cristã", excluindo das duas categorias os que estão fora. Novamente Bolsonaro arquiteta uma comunidade incluindo alguns judeus e excluindo outros. E, quando ele faz isso, a plateia fica em êxtase.

Jair Messias Bolsonaro encerra seu discurso com uma fala de perfil ultranacionalista. A impressão é de que ele aceita que a plateia, majoritariamente de judeus, é formada por brasileiros. Seriam estes, o candidato anuncia, "tão verde-amarelos" como ele.

Por fim, o capitão afirma seu "grito de guerra", que seria a frase de sua campanha presidencial, "Brasil acima de tudo, Deus acima de todos". Trata-se de uma adaptação do lema dos paraquedistas brasileiros e clara referência ao slogan nazista "Alemanha acima de tudo": "Concluindo, se estou aqui é porque meu coração é igual de vocês; é verde-amarelo. Nosso grito de guerra é 'Brasil acima de tudo, Deus acima de todos'. Verde, amarelo, azul e branco. [...] Nós somos diferentes. Nós somos a maioria e chegaremos lá com a graça de Deus".

Bolsonaro se despede de uma comunidade que havia se formado ali. Uma comunidade política e ideológica. Foi assim, portanto, que o bolsonarismo estabeleceu uma nova coletividade judaico-cristã no lugar das antigas referências étnico-culturais e religiosas da comunidade judaica tradicional.

Mais do que um discurso, o que ocorreu na Hebraica naquela noite foi um processo de conversão e desconversão. Não judeus judeus ocupam seus lugares, desapropriando o espaço de judeus não judeus.

Tudo isso ao som de gritos de "mito", que aos meus ouvidos soaram como referência a outros líderes, em outras épocas. Aliás, no que diz respeito ao lema, "Brasil acima de tudo", nem era preciso soar diferente. Nem era necessário sequer ter muita imaginação.

É válido notar que há tremenda coerência e linearidade em parte do discurso de Bolsonaro na Hebraica. O que nos faz suspeitar que foi essa a intenção principal de sua ida ao clube judaico no Rio de Janeiro.

O capitão parecia disposto a apresentar suas preferências ideológicas para um público sedento por escutá-las. O cardápio bolsonarista foi minuciosamente servido. Referências raciais, doutrinárias, religiosas e ideológicas, claras e objetivas foram feitas a todo momento.

No entanto, a palestra se configurou como um oceano de falas desconexas cortadas por ilhas com coerência e racionalidade. No oceano de delírios e referências sem muito sentido, Bolsonaro começou a falar de nióbio e de ouro, mas inseriu em seu discurso histórias incompreensíveis, sem fim, em um show de falseamento histórico e de enlouquecidas teorias conspiratórias. As ilhas de racionalidade e de coerência, por sua vez, invariavelmente se conectaram a racismo, xenofobia e homofobia. Eventualmente, havia também uma espécie de antissemitismo, porém mais sofisticado e cuidadoso. O que é relevante seguir é justamente os significados dessas ilhas de coerência do oceano de delírios bolsonaristas.

Por fim, o enquadramento de Bolsonaro no palco do clube também é fundamental para entender a importância histórica do discurso. Diante das bandeiras de Israel, do Brasil e do próprio clube judaico, um político de extrema direita, com histórico de apoio e elogios a Hitler e ao fascismo, com discurso xenófobo, racista e nitidamente conspirativo foi aplaudido e ovacionado em falas que seriam mais tarde relativizadas pela opinião pública.

Nos momentos cruciais da palestra, quando Bolsonaro foi aplaudido com entusiasmo pela plateia, o judaísmo e a simbologia sobre Israel ali presentes higienizaram seu discurso de ódio e preconceito.

Assistindo novamente às cenas, é impossível não lembrar o poema de Martin Niemöller (1892-1984), de 1946, baseado em um sermão. Estou convencido de que a plateia ali presente não se lembrava, ou nem sequer conhecia os versos:

*E não sobrou ninguém*
*primeiro levaram os comunistas*
*mas não me importei com isso*
*eu não era comunista;*
*em seguida levaram os social-democratas*
*mas não me importei com isso*
*eu também não era social-democrata;*
*depois levaram os judeus*
*mas como eu não era judeu*
*não me importei com isso;*
*depois levaram os sindicalistas*
*mas não me importei com isso*
*porque eu não era sindicalista;*
*depois levaram os católicos*
*mas como não era católico*
*também não me importei;*
*agora estão me levando*
*mas já é tarde*
*não há ninguém para*
*se importar com isso.*[3]

# Judeus e a modernidade: tensões e criatividade

As pungentes tensões modernas entre o particularismo judeu e o universalismo, também judaico, sempre me seduziram. Em algum sentido eu percebi, desde muito cedo, que as contradições entre o mundo da *Kultur* e o da *Zivilization*, magnificamente apontados por Michael Löwy em sua obra *Redenção e utopia: O judaísmo libertário na Europa Central*,[1] produziam tremenda angústia judaica típica da modernidade europeia.

A perda das referências encantadas e mágicas do mundo pré-moderno acarretou o afastamento da realidade supostamente harmônica e atemporal, em que questões fundamentais para o homem moderno quase não existiam, e em que ordens, hierarquias, vícios de origem e privilégios de famílias eram entendidos como referências inquestionáveis e insuperáveis.

Os séculos 18 e 19 foram povoados de transformações radicais que resultaram no processo, para usar a categoria weberiana, de "desencantamento do mundo" e produziram um furacão que fez um mundo que parecia fortemente consolidado e estabelecido se "desmanchar no ar", conforme os termos de Marshall Berman.[2]

Depois da tempestade modernizadora e das revoluções transformadoras, homens e mulheres se mostraram despidos e vulneráveis diante de um futuro a ser descoberto. Novas hierarquias, não mais de origem, perspectivas de fraternidade e um incômodo sonho de igualdade se descortinavam diante dos seus olhos.

Em meio a esses grupos exilados do passado, aqueles que se consideravam privilegiados nas ordens pré-modernas, o desejo de retorno ao mundo perdido sempre foi um elemento mobilizador. O passado imaginário e a ilusão de um "possível retorno" mobilizam desde perspectivas reacionárias e hiperconservadoras até discursos revolucionários que imaginavam tempos idos como uma era sem injustiças e exclusões. Assim, em certo sentido, os romantismos revolucionários e reacionários estabeleciam entre eles uma porta de escape para a angústia e o ressentimento diante de um presente unificador e brutal e de um futuro desenraizado, banalizador e vulgar.

Vínculos com comunidades com referências espirituais e tradicionais criaram o desejo de retorno naqueles que não reconheciam a civilização moderna como um destino confortável. Entre os homens e mulheres egressos desse passado ideal e acalentado na imaginação moderna, estavam os judeus, exilados de um passado pertencente exclusivamente à Europa branca e cristã, o que fez a angústia judaica ainda mais radical e potente. A nostalgia do passado dos outros não podia ser compreensível para aqueles que sofriam com as referências de perseguição e discriminação de um passado no qual eles eram, de fato, os intrusos.

Assim, aos judeus restava investir na potência do futuro, de um futuro imaginário e utópico. De um futuro em que eles pudessem sentir-se parte. Obviamente, resquícios do passado e reações modernas à presença dos judeus os faziam sentir-se vulneráveis também no presente. Em algum sentido, os muros e as barreiras que os discriminavam no passado igualmente os protegiam.

Nesse contexto, a questão fundamental para o judeu europeu estava à mesa. Como se estabelecer em um lugar onde o passado coletivo o excluía? Como encontrar uma gramática possível sendo alemão e, por exemplo, judeu? Como romper com o passado coletivo de miséria, humilhações e pobreza, e adotar um passado que não era seu? Como imaginar um passado romântico, com os pés na terra, se você sabe no íntimo que os seus pés aquela terra não vai aceitar?

O vínculo do judeu moderno e europeu passa a ser, portanto, com um futuro em comum. Os passados, quaisquer que fossem, eram, em grande medida, ameaçadores e interditados aos judeus. Dessa forma, a fuga do passado, excludente por princípio, e a aposta no futuro, promissor a priori, poderiam significar a integração e a concretização de um sonho ou, no caso do fracasso da aposta, um precipício virtual para a experiência judaica da modernidade.

Esse processo mostra a angústia judaica moderna em seu estado mais puro. Na biografia da escritora Rahel Varnhagen (1771-1833), Hannah Arendt apresenta, em algum sentido, o resumo dessas dores típicas da modernidade judaica.

> Que história! Fugitiva do Egito e da Palestina, aqui estou, e encontro ajuda, amor e cuidados entre vocês. Com sublime enlevo penso nessas minhas origens e em todos esses encadeamentos do destino, através dos quais as lembranças mais antigas da raça humana colocam-se lado a lado com os últimos desenvolvimentos. As maiores distâncias no tempo e no espaço estão superadas. A coisa que por toda minha vida pareceu-me a maior vergonha, a miséria e o infortúnio mais amargos — ter nascido judia — desta eu não devo agora por nenhum motivo desejar ter sido privada.[3]

Aqui, Arendt fala da dolorosa experiência de Varnhagen (e talvez da sua própria), que, no leito de morte, expressa desilusão e melancolia por ter tentado experimentar, durante toda a vida, a libertação de um judaísmo e de uma identidade que, de fato, faziam a ela muita falta. Esta parece ser a experiência dos judeus da Europa Central: em face de uma modernidade incompleta, fogem e se atraem pelas respectivas identidades judaicas.

Uma alternativa, mais comum entre os judeus do Leste Europeu, por outro lado, era erguer barreiras ao seu redor. Não me refiro à construção de um passado imaginário que os protegesse, mas sim a barreiras e muros imaginários capazes de separá-los do presente desafiador. Vivendo entre muros construídos por suas comunidades, protegiam-se de um presente feroz e de um futuro incerto. Entre integração e identidade, eles optavam sempre pela segunda. Por medo, desconfiança e destino.

As roupas e os hábitos os vinculavam, dentro, a um passado desconhecido. Em continentes de fontes judaicas, textos religiosos e livros, eles estruturavam os próprios "países", regidos pelas leis judaicas e por referências de sociabilidade e de comunidade próprias. Mantinham uma identidade que, dentro, defendia o judeu do que havia fora.

Cidades muradas sem muros, que protegiam seu judaísmo da tempestade moderna que caía lá fora. Importante lembrar: nem os ritos e os hábitos fechados dos judeus europeus, nem a integração e o compartilhamento dos judeus da *Mitteleuropa* (Europa Central) os salvaram do dilúvio nazista.

Ninguém imaginava que a modernização fosse tão incompleta e insegura. Isso porque os judeus, de lá e de cá, foram vistos como rejeitos a serem limpos, pessoas cujas raízes não estavam lá. Responsáveis pela própria modernização e pela perda do passado ideal, gradativamente passaram a ser vistos como barreiras a um mundo harmônico e idílico que deveria ser reconstruído.

Eu fui seduzido por essas contradições. A de um judeu que se estabelece em processos e dinâmicas de integração sem nunca conseguir efetivamente abandonar sua judeidade. Um judeu que está lá e cá sempre. Um judeu não judeu, nos termos de Isaac Deutscher. Um judeu que lê a realidade que o cerca apoiando-se em termos talmúdicos sem que estes sejam objetivamente acionados.

Esse judeu era portador de uma subjetividade revolucionária, estabelecida por tratados e versículos. Um judeu que discursava em polonês, mas sonhava em iídiche. O judeu não judeu. Particular e universalista. Universal e particularista. Essa contradição identitária, esse tensionamento entre judaísmo e identidade, entre universalismo e particularismo, entre seguir as *mitzvot* (ordens e mandamentos da tradição judaica) ou tornar-se um judeu herege — essa é a história da minha vida intelectual e pessoal.

Não por acaso, meu primeiro trabalho acadêmico, minha monografia de final de curso de História, versou sobre os membros do setor judaico do Partido Comunista Brasileiro dos anos 1930. Eles mesmos tinham duas vidas clandestinas que se sobrepunham à do judaísmo do Leste Europeu e à da experiência judaico-comunista. A de um deles, que entrevistei ainda nos anos 1990, o sr. Abraham José Schneider, já citado, se parece com a de Varnhagen e Deutscher: está dentro e está fora. Comunista até a raiz dos cabelos, muito vermelho durante sua juventude, era profundamente judeu e ateu. Tinha vínculos de solidariedade com seus irmãos de povo e com seus irmãos de classe. A mesma solidariedade que o fazia cantar a "Internacional comunista" até as lágrimas e que o levava a chorar enquanto entoava o *Kol Nidre*, a música de abertura do Yom Kipur.

Tampouco é casual que eu tenha dedicado minha vida acadêmica e política ao estudo do sionismo. Percebendo aquele movimento como garantidor de liberdade e dignidade ao povo judeu, notava nele também a única alternativa de produzir um passado nacional, coletivo e compartilhado pelo povo judeu, investindo na criação de um Estado judeu, no qual seria possível imaginar em conjunto o lar nacional, os mitos fundadores e as tragédias que os unificavam. Dentre os sionistas, entretanto, me interessei pelos heterodoxos. Judeus sionistas e pró-palestinos, que condicionavam sua dignidade à conquista da dignidade do outro.

Frustrados e constantemente decepcionados, eram seguidores de Mehir Yari (liderança do Partido Sionista-Socialista de Israel — Mapam), Uri Avineri (liderança radical e pacifista laica de Israel; ex-combatente das forças paramilitares antes da fundação do Estado de Israel, organizou o grupo Gush Shalom — Bloco pela Paz), Abba Kovner (líder do levante do gueto de Vilna e um dos fundadores da nova esquerda sionista em Israel) e Shulamit Aloni (soldada das forças sionistas nas batalhas pela independência de Israel, política, autora e fundadora do movimento de direitos humanos em Israel). Se o nacionalismo era particularista, eles eram particularistas e universalistas ao mesmo tempo. Judeus nacionais, mas que imaginavam o futuro em conjunto com os demais, os membros de outro povo. No caso, o povo em disputa, os palestinos. Constituíram suas lutas para perder batalhas, sem jamais, entretanto, esmorecer. Queriam somente que o sucesso dos vencedores não fosse pleno e total.

Tornei-me um deles, acho. Frustrado, derrotado e teimoso. Acredito que já era um deles fazia tempo. Conforme mencionei, além da casa insuportavelmente judaica e profundamente laica em que nasci, frequentei, para complicar ainda mais, o movimento sionista religioso Bnei Akiva, ao mesmo tempo que desde os quinze anos me tornei, sem sair do movimento juvenil sionista de direita, membro de um grupo de esquerda radical, a Organização da Juventude pela Liberdade (OJL), e dirigente do grêmio do Colégio Pedro II (CPII) no Rio de Janeiro. Foi como dirigente do grêmio do CPII que participei das manifestações "Fora Collor" no centro do Rio. Em uma ocasião, esperando para discursar em cima de um carro de som na Cinelândia, fui antecedido pelo representante da Organização para a Libertação da Palestina (OLP) no Brasil, que achou por bem denunciar "uma suposta influência do sionismo no governo Collor".

Nesse momento, dei-me conta de que, por baixo do uniforme do CPII, cujos botões estavam abertos, eu vestia a camisa do Bnei Akiva, com a bandeira e o mapa israelense, onde constavam os territórios ocupados de Gaza e da Cisjordânia.

Talvez essa cena resuma o não lugar de minha formação judaica, sionista, religiosa e de esquerda.

De direita e conservadora, a direção do movimento sempre me olhava com desconfiança. Eu era de esquerda, sabiam disso. A experiência de estar dentro e fora me acompanhou na trajetória do Bnei Akiva. Saí de lá somente aos 23 anos e fui tirar a quipá apenas depois de morar em Israel. A percepção de ser um judeu não judeu se reproduzia em vários elementos de minha identidade judaica. Era um sionista não sionista, um religioso laico. Fui ameaçado de expulsão do movimento várias vezes. Ao voltar de Israel em uma ocasião, por exemplo, fui acusado de participar de uma manifestação do Movimento Paz Agora, de esquerda, a favor dos acordos com palestinos. Foi o suficiente para ser suspenso por alguns meses de qualquer cargo importante.

Conto aqui a experiência de ter participado do movimento sionista de direita porque foi lá, na biblioteca da sede, que encontrei um livro que mudou minha percepção acerca do que eu já vivia. Escondido atrás de uma prateleira, o já citado texto de Deutscher esperava por alguém que o descobrisse. O título *O ju-*

*deu não judeu e outros ensaios*. Eu tinha quinze anos, e lembro-me de tê-lo lido inúmeras vezes. Eu o relia sempre. Anotava, rabiscava. O texto foi meu livro de cabeceira por anos.

Não é por acaso que uma analogia a ele tenha servido de título a este livro. A experiência de ser judeu, heterodoxo, sionista, pró-Palestina, secular e religioso me fez perceber logo a proximidade de setores da comunidade judaica brasileira com Bolsonaro e o bolsonarismo.

Tal qual Deutscher, que percebeu uma nova identidade judaica que colonizava a experiência do judaísmo polonês, eu me dei conta de que havia certa experiência fascista brasileira que colonizava o judaísmo no país: o não judeu judeu se afirmava como guardião de fronteiras. Aquele que, apesar de não ser judeu, construía um passado ideal vinculado aos sacerdotes, aos reinos de Davi e Salomão, do qual ele poderia fazer parte, mas eu não.[4] Gente como eu era expulsa, e outros, considerados mais legítimos, eram incluídos. Essa é uma história de colonização do judaísmo pelo fascismo tropical.

Foi justamente o Deutscher encontrado no Bnei Akiva, mas também Memmi, Arendt, Löwy e muitos outros, que me fizeram entender que a armadilha havia sido armada.

Se a modernidade propunha que o futuro fosse o destino dos judeus, se o passado estava interditado para eles na Europa, e se a Europa não conseguia se curar do próprio passado, o Brasil se apresentava como uma chance de ouro. Não somente para a imigração, mas como um país sem passado. Ou melhor, "um país do futuro", que desconsiderava o passado como elemento formador de sua identidade. Era o destino, a assimilação e a integração que contavam.

Nessa perspectiva, o racismo, os crimes da escravidão e o genocídio indígena faziam pouco sentido. Era preciso esquecê-los e superá-los. Esse recado era para as vítimas históricas desses crimes. Os judeus chegaram depois e se estabeleceram no acordo comum da amnésia coletiva. No Brasil, tornaram-se brancos e pensavam no futuro possível.

As regras do jogo mudariam em 2001. Na saída da Conferência de Durban, contra o racismo e a discriminação racial, que ocorrera na África do Sul e que propusera a construção de uma política internacional de ressarcimento e inclusão racial para os povos afrodescendentes no continente e na diáspora africana, o Brasil incorporou como política pública acordos de ressarcimento dos crimes históricos e de reconhecimento da culpa do Estado nos atos da escravidão e de perseguição a populações específicas como política pública.

Cotas raciais e ações afirmativas seriam gradualmente implementadas por governos progressistas e de esquerda eleitos a partir de então. Populações afrodescendentes e indígenas seriam tratadas como vítimas históricas. Os judeus, por seu turno, desapareceram da gramática das vítimas; considerados brancos, perderam o sonho de viver em um país do futuro, que fechava os olhos para o próprio racismo. Enquanto setores da comunidade incorporavam essas demandas sociais e se transformavam em defensores das políticas de ressarcimento, os grupos mais conservadores viam isso como ameaça, pois perderiam o papel de vítimas referenciais do genocídio.

Aqui reside a armadilha: a extrema direita brasileira e, posteriormente, o bolsonarismo têm um projeto de passado, no qual a escravidão é relativizada, os indígenas são ignorados e os judeus despontam como vítimas originais de perseguição religiosa.

Construindo uma formação judaica e cristã da Terra de Santa Cruz, o bolsonarismo olha para afrodescendentes e indígenas como falsas vítimas e abre para os judeus a possibilidade, quase inédita, de um passado em que eles teriam participado. Um passado branco, judaico-cristão, no qual cristãos-novos perseguidos pela Inquisição fundaram o país, hoje ameaçado pelas políticas contemporâneas da esquerda. Eis aí uma armadilha sedutora e perigosa.

Não pode ser considerado casualidade o fato de o manifesto de lançamento do bolsonarismo ter sido realizado em um clube judaico e que seu representante-mor tenha atacado justamente as vítimas históricas da colonização branca e europeia: quilombolas e indígenas. Os urros dos presentes podem ter significado a comemoração do lançamento de um novo passado, em que judeus e cristãos voltaram a ser vítimas.

# Bolsonarismo, racismo e a extrema direita: judeus como metáfora do Brasil

Se o Brasil conhecido por imigrantes judeus nos anos 1930 e 1940 era aquele da "democracia racial", que incluía grupos e populações em um projeto *color blind* de país, o início dos anos 2000 trouxe novidades marcantes e radicais, que transformariam sobremaneira a experiência de brasilidade para todos aqueles que aqui viviam, inclusive os descendentes de imigrantes judeus.

Os crimes do passado, as falas racistas e a percepção de que no país se enfrentava, sim, injustiça social e racial — tudo isso acabou por invadir as conversas cotidianas, afetando gradativamente as políticas públicas brasileiras. Debates sobre ressarcimento e reconhecimento dos crimes da escravidão, assim como referências às cotas raciais e às políticas de ação afirmativas, assumem lugar importante no espaço público. Tudo isso foi fruto do acúmulo de décadas de lutas dos movimentos negros e dos afrodescendentes.

Descendentes de escravizados, quilombolas e indígenas foram reconhecidos como vítimas prioritárias de um processo contínuo de exclusão e extermínio. As demandas políticas típicas dos movimentos afro-brasileiros, desde os anos 1980,[1] transformaram-se em políticas públicas no início desse período. Cotas e políticas de ação afirmativa tinham como objetivo garantir a entrada de populações historicamente excluídas no serviço e no ensino públicos.[2]

Como reação, setores das classes médias articularam-se politicamente. Saudosos das ideias de "democracia racial", que produziam a percepção de que não havia racismo no Brasil, eles propunham que as recentes mudanças não teriam trazido justiça e inclusão para as populações marginalizadas, mas, sim, separação, ódio e divisão entre os brasileiros.

Depois de anos da implementação dessas agendas progressistas, alguns setores da classe média convenceram-se da justeza das agendas raciais, enquanto outros permaneceram nas posições radicalizadas contra a inclusão social e as políticas de reparação, mantendo-se contrários a tais agendas. Ressentidos e incomodados com um projeto de Brasil que desaparecia diante de seus olhos, e saudosos da "democracia racial" que garantia ordem e hierarquia, privilégios e separações, as classes médias brancas buscavam alternativas políticas possíveis. A meu ver, foi esse ressentimento, esse incômodo pela perda do "paraíso na terra", que ajudou a fazer com que fosse parida a agenda de extrema direita — e, dentro dela, o bolsonarismo.

Brancos e ricos, gente de classe média e moradores das grandes cidades vendiam a ideia de que o pior estava por vir. O fantasma do comunismo, a percepção de que os médicos cubanos, chamados ao Brasil para o programa Mais Médicos, criado pelo governo de Dilma Rousseff para aumentar o número de profissionais em cidades afastadas dos centros urbanos, eram terroristas trabalhando a soldo do comunismo internacional e o medo de que o Brasil se transformasse em "uma Venezuela" eram uma espécie de reedição da onda negra e do medo branco[3] típicos do período subsequente à abolição brasileira. Articulava-se a percepção de que uma conspiração política havia produzido a tal "inclusão social" dos últimos anos, e que esse processo deveria ser revertido para termos "o Brasil de volta".

Resgatam-se as ideias da escravidão suave, da ausência da ditadura e de um país em que, ao contrário do que defendiam setores progressistas, não havia racismo ou divisões. "Nem uma gota de sangue" podia nos dividir. Portanto, essas políticas seriam "divisões perigosas". Na perspectiva deles, era preciso resgatar o Brasil das mãos que o haviam degenerado. A solução não seria apenas uma vitória eleitoral, e sim uma espécie de guerra de libertação política. Nada mais parecido, pois, com os discursos conspiratórios e antissemitas dos quais os judeus foram vítimas no início do século 20 na Europa.

Um dos beneficiários desse discurso foi o próprio, então deputado, Jair Messias Bolsonaro. Saudoso da ditadura militar, o parlamentar apresentava um discurso radical, negacionista, conspirativo e odioso. Além disso, havia estabelecido relações com grupos de extrema direita e vínculos claros com neonazistas e integralistas.

De fato, pode-se afirmar que o início da consolidação de Bolsonaro como nome nacional ocorreu durante uma manifestação realizada no vão livre do Masp, organizada ainda em 2011 por um aglomerado de grupos de extrema direita e neonazistas que faziam uma ação de desagravo contra as críticas ao deputado depois da entrevista ao programa *CQC*, no qual discutira rispidamente com a cantora Preta Gil. Em março de 2011, Bolsonaro respondeu, em uma entrevista do programa, à pergunta da cantora sobre a possibilidade de um filho seu namorar uma pessoa negra: "Preta, eu não vou discutir promiscuidade com quem quer que seja. Eu não corro esse risco e meus filhos foram muito bem-educados, e não viveram em ambientes como, lamentavelmente, é o teu".

A convocação para o ato deixava poucas dúvidas sobre a natureza política do evento; publicada por um membro denominado "Erick White", dizia: "Vamos dar o nosso apoio ao único Deputado que bate de frente com esses libertinos e Comunistas!!! Será um manifesto Cívico, portanto, levem a família, esposas, filhos e amigos...". O autor finaliza a mensagem com os números "14/88", simbologia nazista que faz referência a Adolf Hitler e ao nacionalista norte-americano David Lane, defensor do mito da supremacia branca.[4]

Bolsonaro nunca lamentou nem negou o apoio de grupos de extrema direita. Pelo contrário, em diversas oportunidades reafirmou teses ultradireitistas e negacionistas do Holocausto.[5] Ademais, as pesquisas da antropóloga Adriana Dias conseguem mapear uma relação consistente entre neonazistas brasileiros e o mandato do deputado por meio de cartas frequentes de Jair Bolsonaro publicadas em sites de organizações neonazistas.[6]

Nada disso deve surpreender. A luta contra o racismo, a preocupação com práticas genocidas e até mesmo a memória da escravidão são conquistas civilizatórias típicas da modernidade e do avanço dos direitos civis. Bolsonaro olha para elas com desprezo, e seu propósito é fazer o ponteiro dos avanços sociais e de cidadania voltar para trás. Ele sonha com um passado onde essas mudanças não tenham ocorrido, com um mundo sem direitos e com privilégios. Privilégios, ao que parece, de origem e de classe.

Seu discurso "sincero" e simples o fez aparecer em programas de TV populares, o que acabou produzindo a ideia de que ele era direto e falava a verdade, quase um "antipolítico". Suas falas eram antissistema e produziam seguidores que haviam ingressado apenas recentemente na política, pois estavam "cansados da hipocrisia". A essa receita, típica de posições populistas e nacionalistas de direita, deve-se dizer, soma-se o contexto de uma cruzada que criminalizava a política em nome de um suposto combate à corrupção produzido por um juiz de primeira instância cujos métodos eram demasiado heterodoxos para denunciar e condenar políticos então no poder.

A ideia de "condenar e prender" pessoas poderosas impulsionou Bolsonaro. Desprovido de qualquer verniz civilizatório ou de relações efetivas que respeitassem as instituições democráticas, o deputado pegou carona na Operação Lava Jato e se apresentou como o herói da hora. Um herói que luta contra a corrupção e contra o politicamente correto. Um herói que "fala exatamente o que pensa" e que pretende governar diretamente com o povo, sem intermediários. Mas não apenas isso; Bolsonaro tinha posições políticas claras e típicas da direita radical, uma vez que era contrário às políticas de cotas raciais e às agendas feministas e de igualdade de gênero, além de tratar as conquistas sociais dos grupos minoritários dos últimos anos como ameaça efetiva tanto às antigas elites como às classes médias urbanas. No Parlamento brasileiro, ele chegou a defender, por exemplo, a liberdade de alunos elogiarem Hitler em provas de redação do Enem. Com essas e outras posições "polêmicas", Bolsonaro avançava em direção a um setor da sociedade brasileira desgostoso com os destinos do país, seus futuros eleitores, a maioria formada de brancos, membros da classe média urbana e conservadores, que olhavam com desconfiança para o novo Brasil que surgia diante de seus olhos.

Com a exposição gerada pela participação em programas de televisão aberta em que apresentava suas posições extremistas, Bolsonaro se afastou do perfil local e corporativo que cultivara até ali (fluminense e de interesses de suboficiais) e transformou-se lentamente em um político ideológico de extrema direita conhecido nacionalmente. Assim, ele rompeu com os discursos hegemônicos do período posterior à ditadura, ao questionar a ideia de uma memória negativa do regime militar. Torturadores são tratados como heróis, resistentes são transformados em bandidos. A ordem e a hierarquia passam a ser referências que devem superar "o caos produzido pela esquerda".

Os judeus brasileiros são, em sua grande maioria, pertencentes à classe média urbana e são vistos como brancos. Menos conservadores do que a média dos eleitores de Bolsonaro típicos, eles são foco importante do projeto bolsonarista. O apoio das vítimas históricas do nazismo tornou-se fundamental para um político suspeito de simpatizar com ideias da extrema direita e do nazismo. Aqui, o capitão aproveita a onda de combate aos políticos tradicionais e ao Partido dos Trabalhadores e se aproxima dos judeus.

Difícil, pois, seria acusar de antissemita ou de nazista um político próximo dos judeus. Bolsonaro, então, se alia às vítimas brancas mais conhecidas do Ocidente e mostra-se simpático a Israel e ao judaísmo. Nesse processo, em 2016, ele chegou a ir para Israel, onde visitou, inclusive, o Yad Vashem, o museu do Holocausto, situado em Jerusalém.

De outro lado, setores conservadores da comunidade judaica, já então simpáticos à Operação Lava Jato e às manifestações contra o Partido dos Trabalhadores e a esquerda em geral, percebem em Jair Bolsonaro uma alternativa mais palatável, já que ele se tornava cada vez mais popular e incisivo contra as antigas elites políticas e próximo ideologicamente de Israel, do sionismo e dos judeus.

Bolsonaro e o bolsonarismo foram percebidos como uma espécie de movimento filojudaico, aliado de Israel e, efetivamente, quase judaico. Nesse processo, ao mesmo tempo que "vira judeu", o político converte judeus a um bolsonarismo nascente. Em uma dialética inédita de troca de identidades, judeus de direita veem a esperança de serem privilegiados na criação de uma nova comunidade política, enquanto Bolsonaro se aproxima das principais vítimas históricas do nazismo para não ser acusado de nazista.

Nesse contexto, Bolsonaro adota a bandeira de Israel e os signos sionistas como seus símbolos, judeus bolsonaristas passam a usar símbolos da extrema direita. Um higieniza o outro. O capitão deixa de ser considerado nazista e os judeus deixam de se ver como uma minoria sob constante ameaça. Bolsonaro se converte a "um judaísmo imaginário", enquanto judeus de direita se convertem ao bolsonarismo.

É importante destacar que os símbolos judaicos e sionistas (a menorá, a bandeira de Israel e o chofar) já são encontrados há muito tempo nas comunidades pentecostais e neopentecostais da periferia social brasileira. Ao se apropriar deles, Bolsonaro produziu uma comunidade política conservadora e se aproximou desses grupos cristãos que ressignificam, com base em práticas religiosas, os símbolos judaicos. O que devemos perceber, entretanto, é que, apesar de ter se convertido em Israel, na viagem de 2016, ao protestantismo, os símbolos judaicos e israelenses no bolsonarismo são mais políticos do que religiosos.[7] Eles incluem setores da religião, mas transcendem em muito práticas doutrinárias e espirituais. A comunidade bolsonarista é política e ideológica.

O bolsonarismo vinha se expandindo territorialmente desde 2016. Bolsonaro articulava apoio em grupos conservadores e de extrema direita. Setores pró-armas, ultraliberais, supremacistas brancos e fundamentalistas religiosos, que o apoiavam já havia algum tempo, são acompanhados por novos grupos de uma direita liberal ressentida e frustrada. Junto a eles, o candidato havia capitaneado setores menos radicalizados das Igrejas evangélicas, que, assustados com avanços nas agendas feministas e LGBTQIA+, viam em Bolsonaro uma alternativa concreta para freá-los, pois tais avanços os colocavam em situação de pânico moral.

Por fim, Bolsonaro contou com apoio expressivo de esferas da institucionalidade judaica. Lideranças comunitárias muito preocupadas com o antissemitismo, e que viam na esquerda brasileira uma excessiva preocupação pró-Palestina e anti-Israel, percebiam em Bolsonaro uma alternativa de mudança. Ademais, entre esses grupos havia os que enxergavam além, e percebiam o bolsonarismo como produtor de uma nova comunidade, de natureza ideológico-político-judaico-cristã.

Esse bolsonarismo se mostrava ampliado, mais forte e, consequentemente, sem amarras. A articulação política com grupos mais amplos não havia alterado o núcleo duro do pensamento do capitão, que flertava com a extrema direita e com o fascismo e tinha entre os neonazistas brasileiros sua base de apoio original. Pois esse bolsonarismo em nova fase, então mais amplo, porém ainda radical, extremista e fortalecido, de extrema direita, mas que flertava com o público conservador, é lançado justamente em um clube judaico no Rio de Janeiro.

## OS DIAS DEPOIS DO DISCURSO DE BOLSONARO: AÇÕES E REAÇÕES

O dia seguinte ao discurso na Hebraica mostra uma institucionalidade judaica rachada, dividida e a ponto de implosão. As falas sobre negros e indígenas feitas por Bolsonaro em um clube judaico já circulavam na mídia e em grupos sociais; a ameaça era de retrocesso e ruptura nas pontes construídas entre entidades judaicas e setores dos movimentos negro e indígena. A ideia de judeus aplaudirem falas que comparavam afrodescendentes a gado reprodutor era absurda demais para que esses vínculos pudessem se manter.

Ao chegar à universidade no dia seguinte, por exemplo, grupos de estudantes me esperavam para "cobrar posição" dos judeus a respeito do que acontecera na Hebraica. Houve inclusive uma tentativa de boicote à minha disciplina, como se eu estivesse vinculado aos absurdos que foram ditos dentro do clube.

Nesse contexto, ficou claro naquele momento que a mobilização de judeus "fora do clube" foi fundamental para apontar o fato de que as falas de Bolsonaro não tinham apoio unânime entre a coletividade judaica. Politicamente, a mobilização, ao menos, mostrou que as falas do candidato não haviam sido chanceladas por todos os judeus na cidade.

Apesar disso, os custos seriam altos. Entre os setores mais vinculados a uma extrema esquerda antissionista, o dia seguinte ao da palestra do "mito" já foi usado para deslegitimar os grupos de esquerda sionista que se manifestavam contra Bolsonaro. Como exemplo, menciona-se o texto de Shajar Goldwaser, intitulado "Jair Bolsonaro na Hebraica mostra racha irreconciliável entre ser esquerda e sionista".[8] Esse artigo foi publicado no dia 6 de abril, no jornal *The Intercept Brasil*.

Apesar de confuso e extremamente contraditório em seu texto, o título procurou, já um dia depois da palestra, deslegitimar os manifestantes antibolsonaristas, que inauguravam uma época de mobilizações contra o candidato de extrema direita.

Para o autor, era importante desautorizar a identidade de esquerda dos jovens sionistas que, de maneira inédita e clara, acusavam Bolsonaro de ser fascista. Ao mesmo tempo, esses jovens indicavam uma ruptura no seio da "comunidade judaica", ao afirmar que os judeus que entraram para assistir à palestra do candidato eram "judeus sem memória", por "terem esquecido as lições do Holocausto". Apesar disso, parecia mais importante para o autor afastá-los da esquerda do que prestar solidariedade pela resistência ao bolsonarismo nascente.

Direção semelhante foi tomada pelo caricaturista antissionista Carlos Latuff. Preocupado em produzir um apagamento dos protestos na porta da Hebraica e em estabelecer uma percepção de que todos os judeus (vivos) da cidade estavam "dentro" daquele clube, Latuff fez uma caricatura em que fantasmas (mais uma vez eles) de judeus mortos em Auschwitz foram os únicos a protestar contra a presença de Bolsonaro em um clube judaico.

Entre os judeus vivos e indignados que estavam à porta da Hebraica acusando os que ali entravam de amnésia histórica e o palestrante de ser nazista, Latuff parecia preferir conversar com os mortos. Seriam eles, pois, os únicos judeus que, na narrativa do caricaturista, reagiriam aos absurdos do capitão. Entre mortos e vivos, presta-se, portanto, solidariedade aos primeiros.

Entidades que, desde o início, haviam se manifestado contrariamente à presença de Bolsonaro no clube confirmaram suas desconfianças depois do evento. Esse foi o caso do presidente da Conib, Fernando Lottenberg, um crítico preambular do convite feito pela Hebraica Rio:

> Membros da comunidade judaica condenaram o clube A Hebraica do Rio por dar espaço para o deputado Jair Bolsonaro (PSC-RJ) dar uma palestra na segunda-feira (3). O presidente da Confederação Israelita do Brasil, Fernando Lottenberg, considerou a iniciativa um "erro". "Como era previsto, provocou divisão e confusão. Defendemos o debate pautado pela pluralidade".[9]

Mas Latuff e Shajar não estavam sozinhos em suas tentativas de deslegitimar e apagar o que havia acontecido na entrada da Hebraica Rio. O dia seguinte ao evento mostra que, entre as lideranças judaicas e grupos ligados aos judeus conservadores na cidade, essa percepção de deslegitimação dos que protestaram talvez fosse dominante.

Esse foi o caso de grupos judaicos que trataram os protestos na porta da Hebraica como um "Pogrom em Laranjeiras", comparando-os com os massacres ocorridos na zona de residência judaica na Europa e perpetrados pelo regime do czar.[10] Em um grupo de amigos da comunidade judaica do Facebook, foi publicado o seguinte texto, em 8 de abril de 2017:

> Uma turba se orquestra para intimidar e humilhar judeus na porta de um clube judaico. Nos livros de história isso se chama Pogrom. Há um câncer entrando em metástase no Ishuv [comunidade] carioca. Um câncer que zomba de nossos religiosos de tradição milenar [...], que vulgariza a memória da Shoah para justificar a intolerância e que convida para dentro de nossa paz o antissemitismo e o ódio entre irmãos. Chegamos à nossa festa da liberdade com nossos jovens cegos ao ponto de, numa ordem de comando, se entregarem à humilhação pública contra judeus e tentarem destruir instituições historicamente queridas pelo Ishuv do Brasil e forçar submissão de toda comunidade a seu pensamento. Tudo isso por causa de uma palestra numa noite de segunda-feira, claro que não. Essa é a justificativa tosca para uma ação meramente político-partidária que, sem escrúpulos, joga toda a comunidade contra um muro para intimidá-la à submissão.

Dias depois do evento, Herry Rosenberg, presidente da Federação Israelita do Estado do Rio de Janeiro (Fierj), produziu um vídeo cujo texto pareceu ser uma condenação aos movimentos juvenis que protestaram na frente do clube. De acordo com texto publicado na revista *Veja* de 7 de abril de 2017:

> O presidente da Federação Israelita do Rio, Herry Rosenberg, afirmou que "é perigoso quando resolvemos nos unir a outros fora de nossa comunidade para nos manifestarmos contra um problema de política comunitária. Pode levar a uma exposição negativa". A fala foi recebida por alguns como crítica ao protesto.[11]

Afora essas declarações, os movimentos juvenis sionistas que organizaram o evento passaram a ser tratados por setores mais conservadores da institucionalidade judaica como adversários e inimigos, chegando a ter ameaçada a sua existência, com conteúdo pedagógico e político de suas atividades exposto em grupos da comunidade. Em mais uma postagem de grupos de amigos do Facebook, de 14 de setembro de 2017, tem-se: "Dror, Shomer e Chazit, enquanto eu puder irei impedir meus filhos de frequentar seus Movimentos Políticos, que de judaicos não têm nada. Vocês são a vergonha da verdadeira comunidade judaica brasileira".

Efetivamente, em uma metáfora com o que acontecera no clube, os grupos que se manifestaram foram estigmatizados e perseguidos e, por isso, ficaram "fora" do consenso comunitário. A identificação com o sionismo e o pertencimento histórico à expressão comunitária étnico-cultural e religiosa não garantem mais sua permanência como judeus de "dentro".

O envolvimento com a política nacional parece ter rompido um acordo havia muito estabelecido. Mas há mais que isso. A higienização de Bolsonaro na Hebraica foi acompanhada de uma limpeza interna na comunidade judaica, uma vez que judeus seculares, de esquerda ou liberais, parecem ser malvistos nessa nova comunidade ideológica e política criada pelo bolsonarismo nascente.

O processo de conversão e desconversão iniciado naquela palestra teve continuidade no cotidiano institucional subsequente.

A mim interessava entender a coerência no discurso de inclusão e exclusão de Jair Bolsonaro na Hebraica. Mais que isso, contudo, eu suspeitava que houvesse também uma articulação prévia entre o discurso e a recepção dada a ele. Em certo sentido, as demandas por uma "limpeza interna" no clube não pareciam desconhecidas de parte da plateia que as apoiava e aplaudia. Minha suspeita era de que o discurso de Bolsonaro, mais que um evento, fosse parte de um processo.

## Olavismo como bússola

O discurso de Bolsonaro na Hebraica foi, em grande medida, crivado de contradições e teses conspiratórias. Tudo um tanto incompreensível para o público que o acompanhava. O deputado iniciava um tema e não o terminava, construía uma narrativa pouco coerente e não avançava nela.

Tudo não teria passado de um total e retumbante fracasso se não fossem as eventuais ofensas a grupos específicos ou as piadinhas sexistas por ele contadas, as quais, em ambos os casos, provocaram reações positivas da plateia. O que se testemunhou foi apenas um arremedo de frases sem sentido que, ao final do evento, não deixaram claros os posicionamentos do candidato.

Mas, entre um oceano de posicionamentos desconexos e falas sem muita lógica, Bolsonaro apresentou ilhas de coerência doutrinária, com uma alternativa de extrema direita e autoritária, além de ter desfiado uma agenda ideológica, que, não obstante fosse conspiratória e absurda, fazia muito sentido para aqueles que escutavam atentamente. São essas ilhas de coerência que despertaram meu interesse e que me fizeram crer que aquele discurso na Hebraica do Rio era parte de um processo mais longo e complexo.

Até a primeira década do século 21, Jair Messias Bolsonaro era uma figura excêntrica e pouco respeitada para além de seus parcos apoiadores. Ele se apresentava como um político de direita radical enquanto se consolidava como um nome conhecido no cenário nacional. Posições a favor da ditadura, da tortura e do combate ao crime eram combinadas com agendas pragmáticas que beneficiavam funcionários do Exército e suboficiais das Forças Armadas.

A partir de 2010, Bolsonaro começa a se apresentar como alguém mais coerente e ideologicamente comprometido, que flertava de maneira efetiva com a extrema direita e com grupos fascistas e nazistas, e se constituía mais como ameaça do que como piada.

Uma base social de extrema direita se aproximou do capitão, e, depois das manifestações de 2013, Bolsonaro começou a se aproximar de um discurso mais coerente, conspirativo, extremista e ultraconservador.

Ao deixar de ser um caso de humor e tornar-se uma aposta no horror, o deputado atraiu outros públicos e passou a ser aceito e entendido por mais gente. Os inimigos não eram apenas os guerrilheiros ou os bandidos, mas também uma esquerda imaginária que parecia incorporar e dominar todo o sistema.

A bússola que levava o capitão rumo a essa direção era bastante clara: o "filósofo" conservador e excêntrico Olavo de Carvalho. Ao menos é isso que Eduardo Bolsonaro indicava já alguns meses após a posse do pai. Segundo o jornal *O Globo* de 8 de maio de 2019: "O que a gente é para estar na política, alçando, pensando em voos tão altos?", perguntou-se em um momento de seu discurso. E completou: "A gente só deu a sorte de passar nesse cavalo encilhado, que foi puxado lá atrás pelo Olavo de Carvalho".[1]

Os Bolsonaro seguem o caminho percorrido por grande parte da direita brasileira nos anos anteriores à eleição de 2018. Ao afastar-se de perspectivas liberais e mais abertas, que faziam parte do jogo democrático, o anticomunismo transformou-se em algo mais sedutor, e setores alinharam-se a concepções mais conservadoras e autoritárias, representadas por Olavo de Carvalho.[2]

No caso dos filhos do futuro presidente do Brasil, a identificação com o olavismo ocorreu em 2018. Eduardo e Flávio eram fãs do professor que vivia na Virgínia, nos Estados Unidos, participavam de seus cursos e, eventualmente, consumiam seus livros. Essa admiração chegou ao ponto de Flávio, deputado estadual no Rio de Janeiro, agraciar o guru da nova direita com a Medalha Tiradentes. Segundo o relato de Calil,

> A relação pessoal de Carvalho com os integrantes da família Bolsonaro iniciou seis anos antes da eleição de Bolsonaro, [...] quando Flávio, entusiasta da produção literária do professor Olavo, foi até a Virgínia entregar-lhe a Medalha Tiradentes, honraria do governo do Rio de Janeiro a personalidades que prestaram serviços ao estado.[3]

Seguindo os passos dos filhos, Jair logo se aproximou de Olavo, a quem deu a posição de guru. De fato, Jair e Olavo compartilhavam profundo desprezo por instituições e pela mídia, além de mostrarem forte ressentimento para com as respectivas categorias de onde eram oriundos — o Exército e o jornalismo.

Nesse contexto, há sinais de que Olavo se transformaria em elemento importante na formação ideológica de Bolsonaro, pois se tornou uma espécie de conselheiro político do capitão. Novamente faço uso das palavras de Calil:

> Carvalho e Jair Bolsonaro [...] comungavam o mesmo desprezo pela mídia e pelas universidades [...] e identificaram-se imediatamente, mantendo contato frequente desde 2014, através de [...] bate-papos *on-line*, nos quais fofocavam sobre política e cultura.[4]

O excêntrico filósofo fazia aparições eventuais em polêmicas midiáticas. Entre suas experiências como astrólogo, ex-militante do Partido Comunista Brasileiro, morador de uma comunidade islâmica e jornalista, Olavo ressurgiu em 1997 como representante de movimentos ultraconservadores de direita. No caso, como guru de um grupo de estudantes da PUC-RJ que editava um jornal intitulado *O Indivíduo* e se posicionava radicalmente contra as políticas de cotas e de ações afirmativas.

Por algum motivo, o questionamento da semana da consciência negra nesse jornal gerou um debate na imprensa do Rio de Janeiro, na tribuna de jornais como *O Globo* e o *Jornal do Brasil*, assim como na revista *Veja*. Neles, intelectuais progressistas e ativistas antirracismo atacaram Olavo de Carvalho, conforme mostra Monica Grin, em seu livro *Raça: Debate público no Brasil*:

> Em novembro de 1997, três anos após o início de uma convivência entre a Pontifícia Universidade Católica e o pré-vestibular para negros e carentes, que resultou na entrada, a cada ano, mediante vestibular, de um significante número de alunos negros e carentes naquela universidade. [Como resultado] A publicação de 19 de novembro de 1997 do número Zero do jornal *O Indivíduo*, de autoria de quatro estudantes da PUC, seria objeto de conflito com ingredientes inéditos naquela universidade.[5]

O jornal em questão reivindicava uma reação às imposições do "coletivo" dos alunos da PUC-RJ que surgiam nos pilotis da universidade para criticar a ideia de Dia Nacional da Consciência Negra, propondo a ideia de um processo de "desracialização" e deslegitimação dos movimentos negros e do que eles chamavam de "politicamente correto".

Após reações fortes e contrárias de professores, de alunos e da reitoria, o grupo de alunos conservadores da PUC-RJ pediu o auxílio de ninguém menos que Olavo de Carvalho, o qual aparentemente já lhes servia de referência intelectual antes do início do debate público que se seguiu à publicação do jornal.

Se, de um lado, Olavo fora recrutado para defender os estudantes que estavam por trás de *O Indivíduo*, de outro, nomes como o do psiquiatra Joel Birman e do antropólogo e cientista político Luiz Eduardo Soares foram chamados para refutar a agenda da publicação.

Joel Birman foi muito incisivo com o jornal dos estudantes e com o próprio Olavo de Carvalho. É o que nos revela Grin: "Um traço comum entre a retórica de 'O Indivíduo' e outros discursos sectários, fanáticos e hitleristas é o fato de serem discursos paranoicos, inteiramente enrijecidos e que não nascem de uma problemática própria, nascem para perseguir os seguidores de certos valores".[6]

Luiz Eduardo Soares é ainda mais objetivo em seu texto em *O Globo*:

> O cientista político procura identificar quais seriam as plausíveis influências intelectuais presentes em *O Indivíduo*: os autores fizeram uma salada de conceitos ultraliberais modernos com outros antimodernos místicos na linha de Metternich, Maistre e Guénon,[7] além de noções vulgares do senso comum brasileiro.[8]

A todas essas matérias havia réplicas de Olavo de Carvalho e tréplicas dos intelectuais. Mas, de fato, torna-se difícil entender por que, no longínquo ano de 1999, um jornal de estudantes e um filósofo excêntrico foram levados tão a sério a ponto de mobilizarem a mídia e intelectuais de primeira linha para contestá-los. Essa pergunta, no entanto, não faz sentido hoje como faria então.

Tanto Birman como Soares tinham razão em se preocupar. O primeiro estava correto em localizar a "guerra cultural" nascente naquele momento e o segundo acertou até mesmo o nome dos autores que influenciaram o movimento de então em sua "salada intelectual", que, um tanto sem tempero, vem sendo servida até hoje nas hostes da extrema direita brasileira.

## OLAVO DE CARVALHO: UM GURU DO NEOTRADICIONALISMO NO BRASIL

Quando do imbróglio do jornal *O Indivíduo*, Olavo de Carvalho já estava absolutamente estabelecido nos marcos do tradicionalismo. Fundado pelo francês René Guénon (1886-1951) em inícios do século 20,[9] o Movimento Tradicionalista percebia a modernidade como uma ameaça fundamental aos valores da ordem da civilização e da hierarquia que supostamente organizavam a sociedade europeia e cristã em um passado ideal e pré-moderno.

Nesse contexto, do fim do século 20 em diante verifica-se uma degeneração constante em direção contrária à eternidade, à metafísica e ao deísmo, constituindo um avanço rumo à secularização e a uma sociedade hedonista e materialista.

O que equivale a dizer que, para os tradicionalistas, de 1800 em diante houve uma espécie de recuo da religião pública, o qual fortaleceria a razão e a laicidade e corresponderia a um perigoso enfraquecimento dos valores tradicionais da cristandade.[10]

Nesse sentido, o que Guénon e os tradicionalistas prometiam como projeto não seria, tal qual outras propostas progressistas faziam até então, um novo futuro, mas a necessidade de resgatar um novo passado. Nesse contexto, o ponto central do projeto seria a retomada do espaço público por referências religiosas e conservadoras, revertendo processos complexos de racionalidade e secularização estabelecidos pela modernidade no seio da sociedade europeia.

É importante notar, entretanto, que o recuo civilizatório seria cultural e espiritual, e não tecnológico e técnico. Os conceitos essenciais do tradicionalismo seriam "a rejeição da modernidade, a rejeição do Iluminismo, a rejeição do materialismo", em conjunção com a compreensão de que "a cultura, a verdadeira cultura, seria baseada na imanência e na transcendência", ou seja, no pertencimento a algo maior e metafísico.[11]

Nessa perspectiva, os tradicionalistas, por exemplo, acreditavam que não era o capitalismo que deveria desaparecer, mas, sim, a expansão dos direitos resultantes do liberalismo socioeconômico. Logo, a ordem e a hierarquia a serem refundadas deveriam incorporar os valores divinos, tanto da economia (a produção deveria manter a hierarquia e não produzir bem-estar social, inclusão econômica ou distribuição de renda) como da própria civilização judaico-cristã (no caso, mais cristã do que judaica).

Assim, a dimensão imanente seria subordinada e estabelecida pela transcendência. Deus seria o ordenador do mundo, e a democratização do conhecimento (nas universidades), a inclusão de populações historicamente excluídas (por políticas de expansão de direitos) e a secularização dos espaços públicos (com o avanço da laicidade) representariam a degeneração, como sintoma de uma doença e da decadência do mundo, e a reversão de uma ordem linear que deveria ser recuperada e restabelecida.

Essa ordem, construída pela idade do ouro (sacerdotes), da prata (guerreiros) e do bronze (comerciantes), fora destruída por processos constantes de aumento dos direitos, de expansão da inclusão civil e social e pelo alargamento do lugar do Estado. A conversão de lideranças políticas à ordem dos guerreiros e dos sacerdotes representaria, pois, o estancamento da sangria que eram o avanço da igualdade e a prevenção, para que uma ordem de escravos e comunistas não ocupasse definitivamente o lugar central da história.

Assim, na idade do ouro, o governo seria teocrático, com a autoridade religiosa e a arte devocional valorizadas acima de todo o resto. Nas idades subsequentes, ocorreria o fortalecimento do Estado militar, da plutocracia e do governo dos mais ricos. Na idade sombria, por fim, um reinado de quantidade dá poder político às massas na forma de democracia ou de comunismo.[12]

Se, nas perspectivas ultraconservadoras de Guéron — ou até nas de Julius Evola (1898-1974), intelectual racista italiano que chega a ser próximo do fascismo —, havia a já mencionada percepção de que o futuro caminhava inexoravelmente para o passado, nas posições do "novo tradicionalismo" de Olavo de Carvalho, havia a impressão de que era necessário acelerar o processo de recuperação do passado, uma vez que a degeneração tinha chegado a níveis incontornáveis. Era preciso reagir.

Olavo de Carvalho era figura central nessa onda neotradicionalista. Para ele, Bolsonaro não era uma pessoa, mas um "sinal escatológico". Um aceno dos tempos. Afirma Teitelbaum:

> A crítica de Olavo à sociedade brasileira é essencialmente uma crítica ao seu materialismo. Sexo e dinheiro — corpos e bens — constituiriam suas principais atividades. Tudo, mesmo aqueles setores forjados na aspiração de valores transcendentes — patriotismo, cultura e espiritualidade —, estaria infectado pelo materialismo, pela mentalidade do escravo e do comerciante. Sábios universitários teriam se tornado cafetões. Guerreiros das Forças Armadas, simples comerciantes [...].[13]

Despontam nesse contexto questões singulares em relação a grupos específicos e importantes; um deles, os militares, se constitui, ao mesmo tempo, como referência fundamental e ameaçadora nos termos da gramática política e ideológica de Olavo de Carvalho.

Em perspectivas reacionárias que têm o passado como parte de um projeto de futuro, ou seja, o retorno a um tempo de ordem e hierarquias, os judeus são invisibilizados ou colocados de lado, como se não existissem na cristandade europeia.

Nos escritos e nas aulas de Olavo de Carvalho, esse tema era objeto de reflexão para o "filósofo do bolsonarismo": se não há passado para judeus reais e modernos, deve-se, pois, criar um ontem para "judeus imaginários" e antimodernos.

Esses judeus se encaixariam nas épocas de ouro, prata e bronze do tradicionalismo olavista, mas estariam desalinhados com a modernidade capitalista europeia. Perteneceriam a um (futuro e passado) reino de sacerdotes, vinculados a um reino de guerreiros; na pior das hipóteses, estariam relacionados a um lugar de comerciantes, sem um Estado para organizar e dirimir possíveis contradições socioeconômicas.

Esses "judeus imaginários" ocupariam o espaço da modernidade tomado por outros judeus mais conhecidos e presentes no espaço público degenerado na laicidade contemporânea. Segundo Olavo de Carvalho, aliás, esses judeus (reais e modernos) seriam, efetivamente, responsáveis por criar a ordem moderna e o secularismo degenerado em que todos nós vivemos e sofremos hoje.

Apesar disso, Olavo se apressava em explicar, esses falsos judeus trairiam a própria tradição e se assumiriam como inimigos da civilização judaico-cristã.

Judeus, judaísmo e religião judaica eram temas constantes nas aulas, postagens e textos de Olavo de Carvalho, que os tinha como figuras-chave na superação da decadência moderna, em razão de, para ele, serem sua motivação. Em uma espécie de novo antissemitismo-filossemitismo, Olavo atrai e cria um judeu imaginário, ao mesmo tempo que afasta, deslegitima e desautoriza o judeu moderno e real.

Seus textos e aulas não eram novos e remontavam ao próprio aparecimento de Olavo de Carvalho como intelectual público da nova direita brasileira. Nesse sentido, no início de 2017, tais temas já deveriam ser conhecidos ao menos por alguns dos judeus que compareceriam à palestra de Bolsonaro na Hebraica. Justamente aqueles que acompanhavam as aulas e os cursos de quem viria a ser o "filósofo" do bolsonarismo e da nova direita no Brasil.

## OLAVO E OS JUDEUS

Uma das primeiras referências de Olavo de Carvalho aos judeus remonta ao início dos anos 2000, quando, em meio a um governo de Lula, ele surgiu como referência conservadora e crítica ao Partido dos Trabalhadores e à esquerda como um todo. Suas críticas, entretanto, se diferenciavam daquelas feitas por setores tradicionais da centro-direita brasileira. Ele as concentrava no campo da "denúncia cultural". Percebendo a degeneração dos espíritos como produto da modernidade, Olavo estabelece uma prática de "metapolítica",[14] em que a ideia de que caminhávamos para um democratismo sem precedentes em suas consequências degeneradoras fazia com que nos sentíssemos na obrigação de produzir um novo pensar, mais altivo, espiritual e conservador.

Pautando-se em perspectivas anticomunistas perenes, o "filósofo" estabelece relações entre esquerda, comunismo, liberalismo, nazismo e expansão dos direitos. Assim, para ele, a chegada de Lula ao poder não era um evento isolado, mas um sintoma de degeneração mundial dos valores.

Ali, um reino de valores coletivos e de igualdade ameaçava ocupar definitivamente os espaços das estruturas da nação, das hierarquias sociais consolidadas e da família. Seria como um sintoma definitivo da vitória da consciência do escravo sobre os reinos dos sacerdotes e dos guerreiros. Olavo saía a campo para denunciá-la. E para revertê-la.

Ao que parece, nessa fase ele já tem a noção exata da importância que a aliança estratégica entre os "verdadeiros judeus" e os cristãos deveria assumir: todos conservadores e tradicionalistas que serviriam de escudos para os valores reais da sociedade contra articulações esquerdistas islâmicas e liberais, em defesa da civilização judaico-cristã. Era preciso, portanto, atrair os aliados e denunciar os traidores — e é isso que Olavo passa a fazer, de maneira consistente e constante.

O futuro guru do bolsonarismo era na época articulista em alguns jornais da mídia brasileira. Em seus artigos e colunas notava-se que um de seus focos era a produção de uma nova comunidade política e ideológica, da qual os verdadeiros judeus e cristãos fariam parte.

Ao estabelecer uma dialética entre bons e maus, verdadeiros e falsos, os de dentro e os de fora, Olavo constituiu uma base para a nova comunidade a ser criada. Uma comunidade típica do tradicionalismo, cujas referências de comportamento e de ideologia se encontrassem além das dimensões étnicas, culturais e de origem. Seria preciso dar boas-vindas para os de dentro e exigir que denunciassem publicamente os que deveriam ser excluídos.

Incomodado com as acusações de antissemitismo feitas ao filme *A Paixão de Cristo*, dirigido por Mel Gibson e lançado no Brasil em março de 2004, Olavo de Carvalho apresentou essas questões em uma matéria em que dá uma espécie de "recado aos judeus", expressão que inclusive consiste no título do artigo:

Meu recado aos judeus é simples: nenhum mal lhes virá pelo lado cristão. Os inimigos de Israel são hoje os inimigos da cristandade. Se vocês querem mesmo saber de onde vem o perigo, leiam o livro do rabino Marvin S. Antelman, *To Eliminate the Opiate* (Jerusalém, The Zionist Book Club, 2 vols.). Não precisam endossar o diagnóstico em detalhes. Mas verão que em linhas gerais, ele está na pista certa — e essa pista passa a muitas léguas de Mel Gibson.[15]

Nesse artigo, Olavo de Carvalho se apresenta como um "estudioso do antissemitismo". E afirma que algumas entidades judaicas já o teriam ouvido discorrer sobre o tema no Brasil. No mesmo texto, o "filósofo" aproveita para relativizar o risco do antissemitismo de Jean-Marie Le Pen, então candidato havia pouco derrotado à presidência da França, e reitera que o risco mais imediato de antissemitismo provinha da "esquerda mundial".

No trecho final, reproduzido anteriormente, o autor é mais objetivo e direto, na tentativa de acalmar a indignação dos judeus diante do lançamento de *A Paixão de Cristo*, filme que, segundo algumas organizações judaicas, acusava os judeus de terem participado da denúncia e da execução de Jesus Cristo. Porém, há mais alguns detalhes importantes nesse trecho que não devem ser ignorados. Vamos a eles.

O primeiro deles seria o vínculo direto entre "judeus" e "Israel". Para Olavo, não deve haver diferença. Amigos de Israel seriam amigos dos judeus, e vice-versa.

Em certo momento, o "filósofo" trata dos inimigos de "Israel e da cristandade" como uma só questão, o que nos leva a supor que ele está disposto a determinar uma nova "comunidade de vítimas". Nesse contexto, Olavo desenha o que viria a se constituir como elementos da "civilização judaico-cristã": ambos os grupos estariam juntos como foco e seriam alvo das mesmas ameaças.

Mas há um trecho do texto ainda mais revelador, em que o autor desnuda o que poderia ser definido como uma espécie de gramática olavista sobre os judeus. No final, o autor faz a indicação de um livro específico — pouco conhecido no Brasil e sem tradução para o português —, de autoria de um rabino estadunidense e proveniente da ortodoxia sionista, Marvin S. Antelman. Seu propósito era fazer com que os judeus "soubessem de onde vem o perigo de fato". O nome desse autor surgiria diversas vezes nas palestras, textos e aulas em que Olavo de Carvalho ministrasse sobre os judeus.

Ora, causa estranheza o fato de um autor cristão usar as páginas de um jornal de circulação nacional para aplacar a ira da comunidade judaica em relação a um filme por ela considerado antissemita. Estranheza maior se verifica quando Olavo se afirma "estudioso do antissemitismo" e busca desautorizar a indignação dos judeus brasileiros.

Ao tentar ensinar o que seria antissemitismo e o que não seria, Olavo de Carvalho ousa afirmar que os judeus olham para o lado errado quando percebem antissemitismo na obra de Mel Gibson. Mais do que isso, o autor afirma que os judeus não enxergam a origem do real perigo.

Mas, ao que parece, a postura ousada, professoral e, digamos, arrogante de Olavo não causou desconforto entre lideranças das entidades judaicas brasileiras. Ao menos é o que se entende do fato de, menos de um mês depois, o "filósofo" ter sido convidado a dar uma longa palestra no clube mais importante da comunidade judaica brasileira, a Hebraica de São Paulo.

Trata-se de um evento intitulado "Totalitarismo islâmico: herdeiro do nazismo e do comunismo", realizado no Teatro Anne Frank, em São Paulo, no dia 24 de maio de 2004, e organizado pelo departamento de Cultura do próprio clube, pela Sociedade Brasileira dos Amigos da Universidade Hebraica de Jerusalém

(SBAUHJ), pela Federação Israelita do Estado de São Paulo (Fisesp) e pelo Instituto Identidades do Brasil (ID_BR), à época uma organização vinculada ao próprio Olavo de Carvalho.

Em uma noite fria na capital paulistana, um dos diretores do clube, importante editor e professor universitário, abre a palestra agradecendo a presença de Olavo de Carvalho e afirmando que o convidado iria "iluminar" e "alimentar" internamente os presentes. Também foi informado de que o evento com o autor conservador estava sendo realizado depois de um ciclo de "palestras, debates e filmes".

De fato, Olavo iluminou bastante aquela noite. Em quase duas horas de palestra e perguntas, o "filósofo" deixou muito claras as bases de seu pensamento, suas opiniões sobre islâmicos, cristãos e judeus, comunismo e nazismo. A noite na Hebraica de São Paulo foi um descortinar do pensamento olavista no centro nervoso e cultural da comunidade judaica paulistana.

Na palestra, realizada menos de três anos depois dos atentados de Onze de Setembro, e no auge da violência da segunda intifada, que produzia atentados e enfrentamentos entre israelenses e palestinos, é bom lembrar, Olavo de Carvalho desfia uma tese que propõe haver continuidades efetivas entre as ideologias totalitárias (para ele, o comunismo e o nazismo) e o islamismo político radical (que, segundo ele, dominava naquele momento todo o mundo islâmico).

Para o palestrante, o mundo islâmico estava dominado pelo pensamento de Sayyid Qutb (1906-1966) — autor egípcio radical e antiocidental, um dos fundadores e idealizadores da Irmandade Islâmica —, o que, segundo Olavo, representaria uma ponte entre o nazismo e o comunismo.

Para Carvalho, estamos todos no meio de uma conspiração islâmica e socialista que nos transforma, mesmo que não tenhamos consciência disso, em parte da cultura socialista-islâmica, que aos poucos se tornaria hegemônica e dominante no Ocidente:

> O islã é a cereja do bolo socialista, depois de feita uma revolução socialista, nós indicaremos ao mundo, já socializado, o caminho de Deus. [...] A ideia de socialismo mais espiritualidade islâmica já ganhou o mundo islâmico. Não há um sujeito lá que não tenha essa ideia na cabeça. Uns podem ser mais bonzinhos, querem realizar isso através do voto, porque não leram só Marx e Lênin, leram também Antonio Gramsci, o homem da revolução indolor. [...] "Vamos fazer expandir o socialismo de tal modo, não vamos fazer propaganda socialista, vamos colocar no dicionário, nas entrelinhas das músicas, nos livros didáticos [...] todos vão se tornando socialistas sem sentir, islamizando a cultura mundial de forma indolor."

Na perspectiva de Olavo de Carvalho, o nazismo e o comunismo se estabeleciam com base em lógicas políticas, ideológicas, de pertencimento e identidade, razão pela qual eram considerados iguais, já que ambos ofereciam, no que ele chama de "ideologia oculta", a sensação de pertencimento destruída pela degeneração moderna da sociedade. Nesse sentido, eles, já ultrapassados historicamente, se vinculavam hoje ao islã político para conseguir manter as referências de conexão e identidade.

É claro que Olavo indicava as maiores e primeiras vítimas desse processo de produção de um socialismo islâmico em marcha no mundo ocidental: "Não é necessário ser muito inteligente para perceber que nessa perspectiva surge o fenômeno do neoantissemitismo. Porque o judeu sai mal, pelas duas possibilidades [islamismo e socialismo]".

No meio do desfiar de suas teses anti-islâmicas e conspiracionistas, Olavo de Carvalho ainda tem tempo para reafirmar sua posição de especialista em antissemitismo. E mais: o "filósofo" indica ter sido ele um dos primeiros a notar no mundo o surgimento e os riscos do que ele chama de "neoantissemitismo":

> Quando eu comecei a estudar isso, veja bem, quando surge o fenômeno do neoantissemitismo, que tá todo mundo assustado, considerando imprevisto, eu devo me gabar [...] de que muitos anos atrás eu já sabia que isso ia acontecer. Que daqui a dez, quinze anos, os caras iam querer tirar os judeus do caminho.

E ele dá suas explicações, ao que parece, baseando-se em uma leitura rasa e pouco comprometida de *Sobre a questão judaica*,[16] ensaio publicado em 1843 por Karl Marx. Nas teses de Olavo de Carvalho, Marx considera os judeus representantes e criadores do capitalismo:

> Porque, do ponto de vista da cultura socialista, o judeu é representante do capitalismo. Isso é o que diz Karl Marx. Marx dissolve a ideia de cultura judaica. Ele diz: Isso não existe, o que existe é o capitalismo, e eles são os capitalistas, então, na hora em que nós destruirmos o capitalismo, a identidade judaica irá para o brejo. E os judeus se integrarão na cultura socialista como todo mundo.

Vale notar: Olavo de Carvalho percebe os textos de Marx como projeto, e não como análise. Nesse contexto, ao tratar da integração dos judeus em uma sociedade pós-capitalista, o palestrante determina que um dos projetos de Marx é a destruição do judaísmo, e não a integração dos judeus à futura sociedade socialista. É nessa mesma chave que Olavo de Carvalho trata da posição de Lênin, outra fixação do "filósofo", quando aborda o tema dos judeus:

Essa ideia foi levada ao pé da letra por Lênin. Lênin tão logo tomou o poder, ele cria no Partido Comunista, ele cria a famigerada "seção judaica". A função da seção judaica era treinar militantes que, se prevalecendo das relações de família e de língua, penetrassem nos grupos judaicos para espionar, denunciar, etc.

Para Olavo de Carvalho, a criação dessa seção no Partido Comunista objetivava atuar como forma de controle do judaísmo. Lênin teria feito isso, conforme afirma o "filósofo", seguindo os ensinamentos de Marx. Aqui começam a surgir personagens importantes e constantes nas análises de Olavo de Carvalho sobre os judeus.

Em primeiro lugar, os "judeus da seção judaica" aparecem como tipos ideais do "judeu não judeu" olavista. Traidores e "de fora", eles existem apenas para perseguir e denunciar judeus religiosos. São instrumentalizados pelos comunistas e também o serão pelos "islâmicos-comunistas-nazistas" que naquele momento se consolidavam mundo afora: "Talvez aqui alguns tenham ouvido falar no rabino Schneersohn, que era o grande santo, líder espiritual judaico no tempo da Revolução Russa e que foi o sujeito que mais pagou por essa brincadeira, passou 22 anos na cana, um negócio assim".

Provavelmente Olavo de Carvalho estivesse se referindo a Rabi Yossef Yitschac Schneersohn (1880-1950), líder do movimento chassídico Lubavitch à época da consolidação do comunismo na Rússia e da formação da ex-União Soviética. O rabino tinha sido alvo de repressão pelo regime e fazia oposição às políticas antirreligiosas promovidas pelos revolucionários entre a população judaica e o território soviético. De fato, o movimento que ele liderava sofria perseguição desde a época do czar, mas Olavo de Carvalho concentra as denúncias após a Revolução Russa, como se as atitudes antijudaicas tivessem se iniciado em 1917.

Rabi Yossef Yitschac Schneersohn transferiu-se para Nova York durante a Segunda Guerra Mundial, e, nos anos seguintes, o movimento se articularia com perspectivas conservadoras, neoconservadoras e de direita nos Estados Unidos, em Israel e, nos últimos anos, também no Brasil.

O rabino Schneersohn era uma das personagens importantes que Olavo de Carvalho analisava quando tratava da questão judaica em suas aulas e textos. Com muita frequência ele abordava o movimento Lubavitch, consideravelmente forte no Brasil. Custa acreditar que, ao se referir a ele constantemente em suas palestras, o "filósofo" não soubesse que grande parte da plateia o conhecesse, sobretudo no caso de um evento no interior de uma entidade judaica.

Olavo de Carvalho dedica toda a parte final de sua palestra na Hebraica de São Paulo a um tema interno da comunidade judaica, retornando a uma sinalização que ele havia dado na coluna de *O Globo* menos de um mês antes do evento no clube paulistano.

Segundo ele, os judeus que se preocupavam com o combate ao antissemitismo deveriam olhar menos para os cristãos, pois nada neles os desabonava na relação com o judaísmo. Para lidar com o ódio aos judeus e ao judaísmo, Olavo de Carvalho afirma, em pleno Teatro Anne Frank da Hebraica de São Paulo, que os "judeus de dentro" tinham de começar a se preocupar com os "judeus de fora".

> Agora, tem um lado desagradável da história. Ao longo da formação desses movimentos ideológicos modernos, houve pensadores e autores judeus que contribuíram pra isso. Judeus porque tinham nascido judeus. Peguem o caso de Trótski. Trótski não aceitava ser chamado de judeu. Ele não gostava disso. Mas os judeus acham que ele é judeu. Naturalmente têm certo carinho pelo sujeito, "ele é gente nossa".

Surge nessa passagem outra personagem, referência constante em seus discursos sobre os judeus: Leon Trótski. As denúncias contra judeus são feitas em uma versão renovada da conspiração judaica, contexto em que Olavo exige a superação das dimensões comunitárias baseadas em origem étnica e cultural. Era necessário começar uma limpeza dentro da coletividade judaica. Esse foi o tema central no final de sua palestra na Hebraica de São Paulo.

A "notícia desagradável" de Olavo de Carvalho era profunda e radical. Com algum cuidado e cálculo — características atípicas nos discursos do "filósofo" —, Olavo confirma a existência de judeus em conspirações presentes em vários "movimentos modernos".

Mas que judeus eram esses? Ora, os "judeus não judeus" de Deutscher. Era preciso, pois, segundo o futuro guru do bolsonarismo, deixar de protegê-los, deixar de aceitá-los, deixar de considerá-los "judeus de dentro"; era preciso abandonar "certo carinho" que poderia haver por eles. E, de forma bastante explícita, Olavo afirma ser necessário parar de tratá-los "como gente nossa" e que seria melhor se livrar deles o quanto antes:

> Só pra terminar essa parte, eu queria fazer um lembrete que talvez não soe nem muito agradável, mas veja: o povo que protege seus traidores paga duas vezes: paga pela traição que sofre e paga porque ele leva a culpa da traição. E isso já aconteceu com os judeus muitas vezes ao longo da história.

Nesse contexto, Olavo de Carvalho avança em direção a Israel. Veremos adiante que a "Israel imaginária" do olavismo se constitui mais em um projeto estratégico de soberania para o Ocidente do que propriamente em um "Estado-nação do povo judeu". Por isso, apontar o que acontece em Israel como resultado das lógicas ideológicas e políticas típicas do neotradicionalismo era urgente:

> Agora, por exemplo, faz uma semana, no Congresso de Israel, alguns deputados pediram que o governo israelense fosse processado e punido pelo Tribunal Penal Internacional. É um caso estranho, você pedir intervenção estrangeira no seu próprio país. Você pega a soberania e diz "Aqui não é mais soberano, não. Tira esse sujeito aí, quem manda é o tribunal internacional". Agora, dois desses deputados eram árabes, mas um monte não era.

Nesse trecho, Olavo estabelece duas posições importantes de seu discurso: primeiro, trata as estruturas multilaterais criadas no pós-guerra como ameaças de intervenção à soberania nacional — no caso, a própria ONU. Essa é uma posição típica do isolacionismo neoconservador que se fortalecia então nos Estados Unidos e em outras partes do mundo. Em segundo lugar, entretanto, há uma posição diferenciada trazida por Olavo, ao estabelecer relação entre posicionamentos de intervenção internacional e traição. Nesse caso, deputados árabes e judeus se aliariam para dirimir a soberania de Israel (e, por consequência, a do próprio Ocidente):

> Evidente que a primeira vez que um tribunal internacional tirar um governante de dentro de seu país esse país não existe mais como nação soberana. A soberania significa justamente que o governo pode ser julgado somente por seu próprio povo. Então se uma entidade estrangeira tirar um governante desse seu país, esse país não existe mais como nação soberana. Se tem uma nação estrangeira que tem mais poder que seu governo, acabou a soberania.

Note-se que estamos no meio da sublevação palestina em Israel, ocorrida entre 2000 e 2005. A visita do então líder da oposição de direita, Ariel Sharon, à esplanada das mesquitas, em outubro de 2000, havia provocado uma série de sangrentos atentados produzidos por palestinos e uma não menos sangrenta repressão israelense, conhecida como a Segunda Intifada.

Ao que parece, Olavo faz referência a uma ação impetrada por deputados israelenses judeus, do Partido Comunista (Hadash) e do Meretz (partido da esquerda sionista), no Tribunal Internacional da ONU. Longe de ser uma ameaça à soberania de Israel, a ação discutia a legitimidade da construção de um muro para dividir a população palestina e a israelense, o que, segundo afirmava o governo de Israel, impediria a entrada de terroristas nos grandes centros urbanos:

> [...] Então os outros deputados dizem: "Ah, eles são judeus, nós temos que carregar eles no colo". Esse é um problema, no dia da passeata anti-Bush, tinha lá um monte de judeu fazendo passeata junto com o pessoal *black*, que é o Louis Farrakhan,[17] e também com David Duke.[18] Mas quando chega em casa o que pensa a avó dele, a mãe dele, a tia dele: "Não, ele também é judeu, é gente nossa". Então fica carregando toda essa gente no colo e você sabe como essa história termina.

Olavo parece querer ser claro e assertivo quando lida com os judeus seculares, os progressistas, os liberais e os representantes da esquerda. Não existe, ensina ele para uma plateia judaica, uma alternativa para a identidade judaica que não sejam a religião e a tradição:

> Então quando surge, por exemplo, a noção de, vocês já ouviram essa expressão, "judeu ortodoxo", assim como tem o católico praticante.

Ora, o que é um "judeu ortodoxo"? É um judeu que cumpre todos os mandamentos? Mas ninguém cumpre todos os mandamentos. Todos nós somos humanos e imperfeitos.

Como alternativa à decisão, Olavo de Carvalho tenta vender um novo passado. Uma perspectiva regressista que faça os judeus voltarem a eras anteriores à divisão e ao dissenso, sem muitas questões identitárias e recheadas de incertezas. O palestrante faz isso comparando (às vezes até confundindo) judeus com católicos, sinagoga com igreja. Desse modo, ele produz uma concepção de civilização judaico-cristã em que é evidente quem ficaria de fora:

> Antigamente, quando os judeus não cumpriam todos os mandamentos, ele esperava que os outros rezassem por ele. Que desse tudo certo. Não era assim? Não havia essa noção de um judeu ortodoxo e um não ortodoxo. Não havia essa divisão no corpo da Igreja, quer dizer, no corpo da identidade judaica, como não havia no corpo da Igreja católica.

Ele termina sua fala com um ataque fulminante contra a identidade secular judaica, desconstruindo a lógica de Albert Memmi, Deutscher e Arendt. Olavo de Carvalho é taxativo: não existem possibilidades para a existência da judaicidade ou da judeidade; a única possibilidade para ser judeu, de acordo com a perspectiva do "filósofo", era estar plenamente vinculado ao judaísmo:

> Na hora que você aceita que existem judeus ortodoxos e não ortodoxos, significa que você meteu na sua cabeça que existe uma identidade judaica alheia à tradição judaica. E essa identidade simplesmente não existe. Isso quer dizer que se você pensar a co-

munidade judaica somente como identidade cultural, ela não existe. Porque essa tem características diferentes em cada cultura. [...] Ou existe o vínculo com alguma tradição e existe alguma lealdade que é necessário ter, para com as origens da comunidade, ou então ela não existe mais.

Ao encerrar a palestra, Olavo de Carvalho chega a relativizar os riscos dos islâmicos, dos nazistas e dos comunistas. As verdadeiras ameaças seriam, por conseguinte, os inimigos internos do povo judeu: "Então, só pra encerrar essa parte, depois de ter mostrado as origens nazistas e comunistas da ideologia islâmica e de ter mostrado o perigo que isso representa pra todos nós, não podemos determinar o que os muçulmanos vão fazer, mas nós podemos determinar o que nós vamos fazer".

O evento que terminava naquele momento não fora apenas uma palestra. Olavo de Carvalho tinha ido à Hebraica de São Paulo para apresentar um plano de ação a fim de chamar aliados judeus para a reação. Olavo estava ali para recrutar soldados para sua cruzada reacionária. Uma cruzada contra a relativização das identidades, contra a própria ideia de abstração. Uma reação pelo concreto, pela civilização judaico-cristã perante seus inimigos, internos e externos.

Estávamos diante do abismo, dizia ele; então, era preciso reagir antes que fosse tarde. Quem não estivesse disposto a isso seria judeu com alma de escravo. Inimigo.

Mas Olavo de Carvalho era um comunicador nato. Um pouco antes de dar a palestra por encerrada, quase que com os créditos subindo na tela, como se diz, ele resolve colocar as "cartas na mesa". Tal como fizera na coluna do jornal *O Globo* havia menos de dois meses, Olavo indica a fonte de seus conhecimentos sobre a conspiração judaica:

Eu queria indicar outro livro pra vocês, acabei não falando sobre isso. Nós falamos sobre os "judeus antijudeus", esse livro é absolutamente indispensável. Se chama *To Eliminate the Opiate*, escrito pelo rabino Marvin Antelman, e é a história da progressiva ruptura que vai acontecendo dentro da comunidade judaica a partir do surgimento de seitas gnósticas no século 17, que vão ser antepassados dos movimentos revolucionários de massa dos séculos 19 e 20.

Marvin Antelman, já citado no artigo sobre o filme de Mel Gibson, não será apenas um personagem constante nos livros, nas aulas e nos artigos de Olavo de Carvalho. O rabino norte-americano será apresentado como um organizador de seu pensamento. Segundo o "filósofo", Antelman é um "judeu de dentro" que denuncia os "judeus de fora". Se o judaísmo está sendo implodido e dividido, isso ocorre por causa de inimigos internos infiltrados. O livro de Antelman supostamente prova isso: "E quando você vê a facilidade com que indivíduos, vamos dizer, de origem judaica vão entrando nesse negócio e acabam trabalhando contra o povo judeu, alguns de sacanagem e outros porque não percebem, é de arrepiar os cabelos".

E Olavo continua usando novamente Trótski como o tipo ideal dos judeus antijudaicos: "Qual a origem de um Trótski? Como chega a acontecer um fenômeno Trótski que nunca aconteceu antes na história? De onde surgem esses camaradas? Por que deu na cabeça? Não, isso aí foi se formando, como aconteceu dentro da Igreja católica".

Finalmente encerrando o evento na Hebraica de São Paulo, Olavo de Carvalho afirma que não é a Igreja católica que está em crise, mas o judaísmo. E trata-se de uma crise grave e terminal:

> O pessoal fala de crise da Igreja católica. Eu acho que o judaísmo está numa crise muito pior do que a Igreja católica, ele tá muito

mais ameaçado e tem mais antagonismo interno [...]. Você vê um sujeito como o Noam Chomsky.[19] Eu garanto que grande parte da comunidade judaica de Nova York ainda recebe ele, "Ah, ele é um dos nossos", trata ele bem.

Nesse ponto, Olavo usa de grande ironia para acusar os presentes, representantes de entidades judaicas, da Fisesp, dos membros da SBAUHJ, de "carregarem inimigos e traidores no colo". Com esse diagnóstico, o futuro filósofo do bolsonarismo dá um ultimato: "É preciso dar um basta nisso":

> Carrega ele no colo. Senta aqui, ele só quer que Israel acabe, mate todo mundo lá, que ponha todo mundo pra fora. Mas, tirando isso, é boa gente. Essa história de carregar o próprio traidor no colo é coisa de, são dois povos que fazem isso muito bem, os americanos e os judeus, mas isso é alimentar seu próprio assassino, seu próprio inimigo.
> Nesse livro, esse rabino diz a mesma coisa, nos matam porque dizem que somos intolerantes.

Pelos aplausos na plateia ao final do evento, não houve grande desconforto e indignação. A impressão foi de que, na perspectiva dos que ali estavam, a promessa de "iluminação" do início da noite se confirmou. Do palco, o organizador indicou que haveria um coquetel e que Olavo fora convidado a participar.

## ANTELMAN: UMA FONTE JUDAICA PARA OLAVO

Marvin Stuart Antelman constitui-se, de fato, em grande referência com a qual Olavo de Carvalho lida para discutir o judaísmo e o papel dos judeus em seu projeto intelectual e cultural de poder. O livro por ele mencionado, *To Eliminate the Opiate* [Para eliminar o opiáceo], de 1974, oferece para Olavo a possibilidade de manter a tese de conspiração, incluindo em sua narrativa judeus que a apoiam.

Assim, ele não poderia ser tratado como antissemita, ao mesmo tempo que construiria sua perspectiva de mundo baseada na crença da influência excessiva e exacerbada dos judeus no mundo.

Olavo contava com Antelman e seu livro para defender suas ideias, em uma espécie de perspectiva filossemita e profundamente antissemita, em que ambos afirmam haver uma conspiração judaica que também ameaçava os judeus.

Antelman, nascido em 1933 na cidade de Nova York, e falecido em Jerusalém, em 2013, desenvolve suas percepções dentro dos marcos ideológicos do sionismo religioso. Com tendência de direita religiosa do sionismo, e criado sob inspiração do rabino Abraham Tzvi Kuk (1865-1935), ele acreditava que a criação do Estado de Israel seria "o primeiro florescer da redenção messiânica". Nessa corrente incluía-se o movimento juvenil Bnei Akiva, do qual eu participei na minha infância e juventude e que contava com perspectivas mais progressistas ou mais conservadoras, dependendo do local em que ele atuasse.

Depois de se mudar para Massachusetts, onde alega ver ataques aos judeus por parte de organizações afro-americanas, Antelman demonstra que as referências conservadoras e de direita das organizações desse movimento não eram suficientes para ele. Nesse momento, ele se afasta dos grupos ligados ao sionismo religioso e supostamente se aproxima dos grupos da direita revisionista do sionismo Betar e Herut.[20]

Mas ele quer ir além. Quer refundar o judaísmo, romper com dimensões coletivas e relativistas da identidade judaica.

Em outras palavras, parece estar disposto a abrir mão de judeus liberais e progressistas para salvar o verdadeiro judaísmo.

Em uma primeira fase, nos anos 1960, ele estabelece contato com seguidores de extrema direita ligados ao rabino Meir Kahane (1932-1990). Por causa de manifestações antijudaicas no Brooklin, Kahane cria a Liga de Defesa Judaica (LDJ) para amparo a judeus vítimas de violência na região. Pouco depois de se aproximar deles, entretanto, Antelman rompe com o kahanismo e funda a Legião de Sobrevivência Judaica.

Esse rompimento pode ser explicado porque, para Antelman, não fazia sentido defender pessoas "de origem judaica". Para a sobrevivência do judaísmo, era preciso, de acordo com sua perspectiva, marcar uma diferença: judeus seculares e liberais não deveriam ser defendidos por ele. Os verdadeiros inimigos não estão fora de suas fronteiras, mas são falsos judeus infiltrados. Estes, sim, devem ser combatidos.

Para Antelman, qualquer legião de defesa judaica deve levar isso em consideração. Os "judeus não judeus" não devem estar envolvidos pelos laços de solidariedade. Eles estão fora, inclusive, das definições identitárias propostas pelo rabino. Indivíduos de origem judaica originários de grupos secularizados, liberais e reformistas, descendiam de setores hereges do judaísmo. Deveriam, portanto, ser retirados de quaisquer definições de pertencimento mais amplas e nacionais. Temos, assim, um surpreendente racha "à direita" da extrema direita kahanista. Trata-se de uma ruptura cuja radicalidade parece não ter precedentes na história do judaísmo moderno.

Esse processo pode ser explicado pelos estudos empreendidos por Antelman antes da publicação do livro que viria a ser citado por Olavo de Carvalho. Nos anos 1960, ele teve acesso às obras do historiador e professor Gershom Scholem (1897-1982), da Universidade Hebraica de Jerusalém, sobre misticismo e messianismo judaico (*Jewish Gnosticism, Merkabah Mysticism, and the Talmudic Tradition* [Gnosticismo judaico, misticismo Merkabah e a tradição talmúdica]).

Nos anos 1970, Scholem continuou a pesquisar o surgimento de figuras místicas e reformadoras do judaísmo, as quais, no meio da miséria e da instabilidade europeias, recrutavam massas de seguidores que acreditavam serem eles o Messias. Essas ideias são defendidas em seu livro *Sabatai Tzvi: O messias místico*, de 1973.

As obras de Scholem constituem marcos dos estudos do misticismo judaico e da história social judaica. São livros de referência para a compreensão do judaísmo europeu dos séculos 17 e 18. Ao ter acesso a esses textos, Antelman os lê com perspectivas conspirativas, denunciatórias e normativas. Para ele, as obras de Scholem mostram que Jacob Frank (1726-91) e Sabatai Tzvi (1626-76), duas dessas lideranças místicas, seriam representantes infiltrados no judaísmo e teriam como objetivo implodir as bases da tradição judaica.

Mas há mais que isso no pensamento de Antelman. Para ele, essas figuras são antepassados ideológicos dos movimentos de massas judaicos e não judaicos, que nos séculos 18, 19 e 20 vão impulsionar as bases da modernidade, produzindo referências liberais e encabeçando movimentos socialistas revolucionários. Nesse sentido, Frank e Tzvi eram pais espirituais das transformações radicais do século 20. E deveriam ser denunciados por isso:

> Devido a essas descobertas, eu procurei ler os trabalhos do professor Gershom Scholem, da Universidade Hebraica de Jerusalém, que mostravam relações entre os seguidores do shabateanismo no século 17 e dos frankistas no século 18 com os movimentos da reforma religiosa judaica do século 19, bem como com o Movimento Comunista.[21]

Judeus estadunidenses ligados a referências mais liberais seriam, portanto, filhos espirituais desses movimentos. Suas definições de "judaísmo" não eram aceitas por Antelman. Para esse rabino, eles estavam ali para minar a nação judaica e destruí-la por dentro, pois representavam a tal conspiração judaica que levaria o mundo todo à bancarrota moral e espiritual. Conspiração, entretanto, da qual fazia parte apenas uma parcela dos judeus. Segundo Antelman:

> Nós sabíamos como os vermelhos chineses maoístas tinham trabalhado para criar os Panteras Negras, abertamente marxistas leninistas. O que nos surpreendeu e chocou foi termos descoberto que grupos de judeus reformistas e conservadores os apoiaram, assim como a outros grupos de sua ideologia, tal qual os rabinos da sinagoga reformista de Boston [...]. Por exemplo, descobrimos que o capelão do Hillel da Universidade de Brandeis apoiava os Panteras Negras e que dizia ser possível ser antissionista sem ser antissemita.[22]

Antelman novamente parecia entusiasmado com sua descoberta. Agora tudo parecia fazer sentido para ele: "Essa tese parecia válida, mas eu descobri haver uma conspiração para escondê-la. Quanto mais obstáculos encontrava em meu caminho, mais determinado eu ficava para montar meu quebra-cabeça".[23]

Figura carismática e excêntrica, Antelman logo conseguiu tornar-se conhecido entre setores da direita estadunidense. Judeus e não judeus liam suas obras como referências definitivas da conspiração judaica produzida por judeus de esquerda. O furor por higienizar o judaísmo de figuras degeneradoras era tanto que Antelman chegou a fundar, nos anos 1970, um tribunal rabínico para excomungar judeus liberais dos Estados Unidos, o "Supremo Conselho Rabínico da América".

Tal conselho promoveu, em 1976, a excomunhão de Henry Kissinger (1923), secretário de Defesa dos Estados Unidos. O político estava envolvido em um processo que tentava amenizar as tensões com a ex-União Soviética.

Para Antelman, os judeus liberais foram responsáveis pela Revolução Francesa, assim como pelas revoluções liberais e socialistas, e mantiveram vínculos potentes com os Iluminates.

Em entrevista concedida ao programa *Tamar Yonah*, de Jerusalém, realizada em junho de 2006, o rabino afirmou ser possível construir inclusive uma continuidade familiar entre "Sabatai Tzvi, Jacob Frank e muitos judeus liberais e reformistas hoje no mundo. Até aquele momento, podíamos confiar uns nos outros. Desde então [depois que eles surgiram], isso acabou".

As relações diretas de judeus com movimentos revolucionários que degeneravam a suposta tradição religiosa do Ocidente são comuns no tradicional pensamento antissemita. A percepção da parte com o todo e a compreensão da existência de uma conspiração judaica que dominaria o mundo sempre foram reincidentes em ondas antijudaicas constantes na modernidade. Era importante denunciar esses judeus e rapidamente excluí-los do judaísmo. A tradição judaica deveria ser limpa e higienizada.

Nesse contexto, algumas definições de antissemitismo precisam ser revisitadas e a ideia de "judeu como prisma", de Zygmunt Bauman (1925-2017), deveria ser relativizada. Para ele, os judeus (todos eles) incorporam as características buscadas por seus detratores. A referência sobre o judeu estaria vinculada, portanto, à intencionalidade do antissemita. Bauman afirmou: "Dependendo do lado pelo qual se olhassem os judeus, eles — como os prismas — involuntariamente refratavam visões inteiramente diversas: uma de classe inferior, rude, sem requinte, brutal, e outra de classe superior, cruel e arrogante". [24]

Com a nova gramática de Antelman, essas definições não faziam mais sentido. As características denunciadas por ele eram, em muitos casos, as mesmas sobre as quais os antissemitas versavam. Elas apenas eram restritas a grupos específicos do judaísmo; não a todos. Nesse sentido, não seriam os não judeus as primeiras vítimas dos setores degenerados: isso aconteceria com os judeus tradicionais e religiosos.

Para Bauman, os judeus eram vistos como um continente de coisas que traziam a modernidade. Já os antissemitas percebiam neles a rudeza típica dos recém-ingressados na Europa cristã, ao mesmo tempo que tinham um perfil pouco perene e duro. Em narrativas homofóbicas e machistas típicas do antissemitismo, isso significava que eles eram quase afeminados, o que era característico daqueles que nunca tinham tido o mérito de pegar em armas para defender os seus.

Rudes como assassinos de Cristo, fracos como escravos, controladores dos interesses do capital, financiadores das revoluções socialistas, traidores da Europa cristã, desleais com os Estados que os recebiam. Enfim, os judeus, todos os judeus, eram considerados uma ameaça aos bons costumes e aos valores tradicionais que garantiriam a sobrevivência da civilização europeia e cristã contra as ameaças externas, fossem elas feitas pelos bárbaros de fora das fronteiras, pelos comunistas imorais, ou pelos liberais que acreditavam na igualdade civil para todos.

Nas dimensões apresentadas por Antelman e por Olavo de Carvalho, não há mais a ameaça de um continente judaico sobre a Europa cristã. Há, porém, a percepção de que a ameaça que se aproxima é a da modernidade liberal. E ela continua a ser dirigida pelos judeus — os judeus liberais, que relativizam a própria identidade, que se integram e integram os outros. Esses judeus, que se secularizam, que se adaptam, que lideram movimentos, esses são os judeus perigosos.

O que Marvin Antelman parece querer garantir é a possibilidade de haver um "antissemitismo judaico", em que judeus pudessem compartilhar a referência fundacional de setores conservadores, reacionários e antimodernistas da cristandade europeia com o antissemitismo como fenômeno coletivo, especificamente contra o judeu inimigo.

Os judeus de esquerda eram vistos (como nas perspectivas mais clássicas do antissemitismo) como uma ameaça para todos. Por serem judeus (e liberais), e por estarem vinculados a movimentos mais amplos, eles podiam degenerar valores, destruir estruturas e desconstruir tradições perenes e duradouras.

Não é casualidade, portanto, a exigência de Olavo de Carvalho de que os laços familiares e étnicos fossem rompidos. Tal qual Antelman propõe, desde os movimentos hereges do século 17, grupos de origem judaica haviam traído o judaísmo, relativizado perspectivas rabínicas e estabelecido novas normas e perspectivas de vida, mantendo os judeus tradicionalistas da atualidade como reféns.

Nesse sentido, propõe-se um passado ideal, em que todos os judeus podiam confiar uns nos outros e em que as referências modernizadoras e degeneradoras nem sequer estavam no horizonte.

Esse passado de um "judaísmo imaginário", com perspectivas sacerdotais, rabínicas e fielmente nacionais, era uma invenção fundamental para o judaísmo conservador. Inventava-se, pois, um passado em que fosse possível conviver com "nossos irmãos não judeus, conservadores e de direita". Entregavam-se, para tanto, em sacrifício no altar da civilização judaico-cristã, indivíduos progressistas de origem judaica.

Para darmos conta das novas perspectivas de antissemitismo, acionamos as ideias do historiador Moishe Postone (1942-2018). Para ele, o antissemitismo moderno (um de seus objetos de estudo era o antissemitismo nacional socialista) se constituía como uma "revolução de imposição do concreto",[25] em que a própria abstração e o relativismo trazidos pela modernidade seriam as grandes ameaças de degeneração e destruição. Eles deveriam ser destruídos e substituídos por uma ordem fixa e concreta.

Nessa perspectiva, os judeus representariam a "intangibilidade, a abstração, a universabilidade e a mobilidade".[26] Na tentativa de incluí-los em uma nova ordem "moderna, antimodernista e anti-iluminista", seria necessário desintoxicá-los de tendências abstratas e relativas, além de diminuir o espectro de alternativas e produzir um judeu concreto, de recuperar uma definição geral e inclusiva, que vinculasse a identidade a práticas e crenças claras. Não poderia mais haver espaço para doutrinas difusas, contradições internas, debates e questões intrajudaicas.

Era mister, portanto, inventar um judeu real, cujas conexões com os "de fora" fossem feitas eminentemente com base em lógicas políticas e ideológicas adequadas. Não havia possibilidade, portanto, de um "judaísmo de esquerda", um "sionismo de esquerda", para um "judeu liberal ou reformista". Ser judeu deveria ter uma definição concreta, nítida e conservadora.

Não havia mais espaço para dúvidas ou reflexões identitárias. O antissemitismo era, para Postone, "uma sublevação contra o abstrato". Se os judeus eram, para setores antissemitas do início do século 20, um "fetiche do capital", hoje eles são, para a nova direita, fetiches da modernidade. Quando analisamos os discursos de Olavo de Carvalho, esta pode consistir na definição mais adequada: os judeus resumem a abstração e o relativismo, enquanto os novos conservadores olavistas têm desejo por concretude e clareza.

Nas palestras do início dos anos 2000, ao mostrar o livro de Antelman para o público da Hebraica de São Paulo, Olavo de Carvalho faz um convite explícito: "Filossemitas e antissemitas, denunciemos a conspiração judaica em nome do bom judaísmo".

Nos anos seguintes, essas perspectivas se consolidaram no pensamento olavista e, posteriormente, também no discurso bolsonarista. Livros, vídeos e falas confirmam essa direção. Entre a palestra da Hebraica de São Paulo, em 2004, e o famoso evento na Hebraica do Rio, em 2017, muitas foram as afirmações do bolso-olavismo nesse sentido e poucas foram as entidades judaicas brasileiras a se levantarem contra eles.

## CONSOLIDAÇÃO DO ANTISSEMITISMO OLAVISTA: 2010 A 2016

Nos anos 2010, Olavo de Carvalho surge como uma força importante e inovadora nas redes sociais, cuja dinâmica descentralizada e polarizada insere o guru da nova direita em um poderoso lugar de exposição,[27] o que acaba se refletindo em maior apoio e maior divulgação de suas ideias para além dos seguidores mais próximos.

Ali, eram comuns debates sobre o combate ao discurso cultural da esquerda, o combate à corrupção e denúncias sobre degeneração dos valores cristãos ocidentais. Diariamente, as comunidades de Olavo de Carvalho no Orkut testemunhavam a reação de centenas de pessoas às falas do guru do novo conservadorismo brasileiro.

Esses posts seriam deslocados mais tarde para as plataformas de aulas virtuais e para grupos no Facebook. Por fim, surgiriam nos discursos e nos programas dos candidatos mais alinhados à direita e à extrema direita no Brasil, como é o caso de Jair Messias Bolsonaro.

Se a ideia de metapolítica e de combate cultural era comum, também era possível achar, com alguma facilidade, referências aos judeus e ao judaísmo nesses lugares.

Aos poucos, Olavo conseguiu angariar apoio também no interior das comunidades judaicas e promover seu antissemitismo relativo país adentro. Ele fazia isso fomentando um insuspeito e inesperado antissemitismo-filossemitismo, um antissemitismo de judeus.

A Revolução Russa, tema constante nas referências aos judeus feitas pelo "filósofo conservador" desde a década anterior, continuava presente nos anos de 2010.

Como exemplo, reproduz-se na sequência o trecho de uma aula dada por Olavo em junho de 2010 e vinculada em suas redes, onde ele dava o tom que seria incorporado ao discurso da direita brasileira nos anos vindouros:

> Quando houve a Revolução Soviética, mais de 80% dos líderes comunistas eram de origem judaica. Mas eles se enquadram perfeitamente na definição que Jesus Cristo deu de sinagoga de Satanás, quer dizer que são judeus, mas não são. Quer dizer, em que sentido você pode dizer que eram judeus se primeiro eram ateus, segundo, promoviam perseguição aos judeus religiosos, mantinham sob controle estrito as sinagogas?

Há, nesse trecho, uma referência importante, típica da narrativa metafísica e teleológica do olavismo: os judeus revolucionários seriam pertencentes ao que Jesus [sic] chamava de "sinagoga de Satanás".

Nesse contexto, Olavo estabelece relação direta entre os falsos judeus (os judeus não judeus) e uma referência que aparece somente duas vezes no Novo Testamento, em Apocalipse — a figura da sinagoga de Satanás:

> Conheço as tuas obras, e tribulação, e pobreza (mas tu és rico), e a blasfêmia dos que se dizem judeus, e não o são, mas são a sinagoga de Satanás.
>
> Eis que eu farei aos da sinagoga de Satanás, aos que se dizem judeus, e não são, mas mentem: eis que eu farei que venham, e adorem prostrados a teus pés, e saibam que eu te amo.[28]

Os que se dizem "judeus, mas não são" parecem ser uma metarreferência aos judeus modernos, judeus étnicos, judeus falseadores do judaísmo. Há, no entanto, nas referências narrativas do Apocalipse bíblico, uma estratégia escatológica, que estabelece elementos de reconversão finalista, de referências de retorno.

Diferentemente disso, no caso dos filhos da "sinagoga de Satanás contemporânea" acionado por Olavo, a dinâmica se mostra outra. Não há retorno aparente; as referências são exclusivamente de desconversão e exclusão. Nunca de salvação.

Mais uma vez, Olavo de Carvalho faz referência ao rebe de Lubavitche, o rabino Schneersohn, e transfere a responsabilidade pelo antissemitismo que assolava a Europa para os ombros dos judeus modernos:

> Quer dizer, isso tudo você pode ver na internet, procurem rabino Schneersohn [...] mas ao mesmo tempo o pessoal não tinha muita noção do que se passava na União Soviética. Assim, a constatação estatística de que a maioria dos judeus eram comunistas junto à publicação dos Protocolos dos Sábios de Sião produziu uma obra antijudaica monstruosa na Europa. E foi preciso passar muitas décadas para que a coisa fosse esclarecida.

Olavo de Carvalho, usando novamente citações reincidentes e circulares, torna a mencionar Marvin Antelman e, ao analisar a conspiração judaico-liberal, estabelece uma relação entre causa (dissolução do judaísmo religioso) e efeito (ataque às estruturas cristãs da Europa por revolucionários):

> Na verdade, uma das origens do movimento revolucionário moderno foi a decomposição interna proposital do judaísmo, segundo diz o rabino Marvin Antelman [...] que mostra que toda essa operação da Igreja católica que nós vimos no século 20 com o Concílio Vaticano II, o modernismo já tinha sido feito no judaísmo, em escala muito menor, no início do século 19.

Para Olavo, foi uma versão da conspiração judaica de esquerda que influenciou e estabeleceu as bases para as rebeliões e as revoluções que sacudiram e transformaram o Ocidente cristão.

Ele traça a origem desse processo, baseando-se na obra de Antelman, até os fenômenos de heresia dos séculos 17 e 18, afirmando que essa "instrumentalização do judaísmo" por grupos revolucionários produziu um antissemitismo feroz. Nessa perspectiva, foram, portanto, grupos liberais e de esquerda os responsáveis por séculos de perseguição antijudaica: "À medida que o judeu ganhava um novo estatuto social, podendo participar de parlamento e essa coisa toda, já veio por trás um outro movimento, visando dissolver o judaísmo como religião e colocá-lo inteiramente a serviço de um movimento político".

E é nesse contexto que surge uma referência que vai ser constante no discurso de Olavo de Carvalho na fase em que, de filósofo orgânico e excêntrico de setores da extrema direita, ele se transforma em guru do bolsonarismo. Refiro-me a um tipo muito específico de negacionismo do Holocausto, uma perspectiva que tem como consequência a relativização do nazismo.

Em um primeiro momento, Olavo equipara o nazismo ao comunismo. No caso a seguir, sem nenhuma base histórica, ele responsabiliza Stálin por devolver para a Alemanha nazista judeus que fugiam para a então União Soviética:

> Então, aqueles judeus que fugiram da Alemanha no advento do nazismo pra União Soviética achavam que eles viveriam melhor, porque tem uma lei que proíbe o antissemitismo, mas lei não vale nada lá. Então, Stálin devolvia eles pra Alemanha nazista. Isso tá abundantemente documentado hoje.

Mais uma vez ele tece uma relação entre judeus de esquerda e a perseguição aos judeus, colocando nos ombros da vítima o ônus por sua perseguição:

> No judaísmo, a ênfase é colocada na ordem. O judeu que se torna ateu se transforma em revolucionário. Essas pessoas são extremamente perigosas, principalmente para a comunidade judaica. Quem tá de fora não tá sabendo dessas ambiguidades. Os judeus apanham dos dois lados. Trótski era judeu. Na opinião pública, essas distinções passam ao largo dessas distinções.

A relativização do nazismo se efetiva em uma suposta divisão do movimento em duas fases: a primeira estabelece o nazismo como uma reação à modernidade e na luta pela soberania nacional, conquistando, segundo Olavo, acertos e ganhos para o povo alemão; e a segunda estaria relacionada à matança dos judeus em campos de extermínio e concentração.

Olavo de Carvalho se refere ao momento em que Hitler decide combater a "abstração e o relativismo". Suas críticas iniciam-se aqui: "É contra esse tipo ideal que Hitler se vira, ele não vai dar tiro em estereótipo". Hitler deveria, parece dizer Olavo, concentrar-se nos judeus inimigos, e não em todos os judeus.

A separação entre nazismo e Holocausto, a justificativa de um antissemitismo fundamentado no comportamento das vítimas e a consolidação da crença em uma conspiração judaica mostram-se mais e mais frequentes nas intervenções do "filósofo" do conservadorismo — um filósofo que se aproxima cada vez mais de um pré-candidato à presidência da República e que promete ser um fenômeno eleitoral em 2018.

"Olavo tem razão." "Assistam ao Olavo." Os bolsonaristas articulavam-se cada vez mais com as perspectivas de um olavismo em crescimento nos cursos e nas redes, onde se encontrava o caldo de cultura do bolsonarismo nascente, inclusive no que dizia respeito ao judaísmo e a Israel.

Apesar de contínuas referências a elementos positivos na perspectiva de Hitler, da incitação à divisão dos judeus e de teses baseadas em conspiração judaica cada vez mais comuns e presentes, não se notaram reações perenes das instituições judaicas a Olavo e muito menos a seu candidato preferido, Jair Bolsonaro. Ao contrário, o foco das críticas institucionais recaiu sobre a esquerda antissionista.

Se as referências feitas durante as aulas de Olavo não foram suficientes, em 2015 parece ter havido uma oportunidade para que os judeus brasileiros compreendessem as dinâmicas bolso-olavistas. No mês de dezembro, quando as intenções de candidatura de Bolsonaro eram bastante conhecidas, Carlos, filho dele, convidou um velho conhecido negacionista do Holocausto para defender o projeto da Escola sem Partido.

Conhecido como "professor", o sujeito compareceu à Câmara de Vereadores "a caráter", com insígnias nazistas, um uniforme que lembrava as roupas do Terceiro Reich e um bigode similar ao de Hitler.

Nessa oportunidade, o "professor", em seu discurso, defendeu o controle do trabalho docente em sala de aula, e até tirou fotos ao lado de Jair Bolsonaro. Como se não bastasse, ele saiu candidato pelo PSC, partido do vereador Carlos Bolsonaro, que o convidou a falar na solenidade.

Há sinais claros de relativização do nacional-socialismo e da adoção de certa estética nazista, provavelmente proveniente das referências olavistas no bolsonarismo nascente. Nem nesse caso, imageticamente inquestionável, pode-se afirmar que a pressão sobre Bolsonaro foi grande. Mais uma vez, a institucionalidade judaica, em especial no Rio de Janeiro, parecia não enxergar o que muitos olhos já viam.

Talvez o que confundisse as entidades judaicas fossem as posições supostamente pró-Israel de Olavo e Bolsonaro. A viagem da família Bolsonaro a esse país e a construção de um vínculo forte entre uma imagética sionista produziam, a princípio, a impressão de que se tratava de um aliado.

Mas, por outro lado, o olavismo continuava a produzir discursos antissemitas cada vez mais claros, que coadunavam perspectivas pró-sionistas e antijudaicas evidentes. Ao mesmo tempo, a pressão para que os judeus de direita acusassem e denunciassem seus correligionários de esquerda apenas aumentava.

Em junho de 2016, quando Olavo de Carvalho já havia se consolidado como referência ideológica do bolsonarismo, ele fez o seguinte comentário em uma de suas aulas:

> Israel tem uma função estratégica no mundo, na hora que cai Israel está a nova ordem mundial instalada aí. Mas veja, por outro lado, tudo no mundo é ambíguo. Aqui nos Estados Unidos tá cheio de judeu ajudando esse negócio de nova ordem mundial. Ajuda a pôr no cu do outro judeu também. Apoiar o judeu que está em Israel tomando bomba. Mas apoiar o judeu que está em Nova York enchendo o cu de dinheiro e fomentando a nova ordem mundial é outra coisa completamente diferente. Então não

se trata de apoiar os judeus, se trata de apoiar o judeu que tá fazendo a coisa certa.

Claramente, Olavo de Carvalho vincula a aceitação de judeus a posicionamentos ideológicos. Ele divide a Israel imaginária e a Israel real, e opta pela primeira. Ademais, incorpora elementos do judeu capitalista desleal e financista do antissemitismo mais tradicional e conhecido. E continua:

> Tem que dizer o seguinte, só existem duas soberanias nacionais no mundo, Israel e os Estados Unidos, taí o governo mundial. Agora, apoiar Israel não é apoiar os Rothschild, não é apoiar a ADL [Liga Antidifamação], que fica aí defendendo comunista. Não é assim. Não vem dizer que os Rothschild foram vítimas do Holocausto. Eles tavam no bem-bom, até fazendo negócio com nazista, enquanto os outros estavam se fodendo na Alemanha. Tem que explicar, deixar bem claro, enquanto você tá defendendo Israel, aqui tem um monte de judeu milionário vendendo Israel.

Pronto! Se faltava a gramática antissemita típica dos movimentos anteriores ao Holocausto, aí estava ela. Nessa perspectiva, o nazismo não afetou todos os judeus; mais que isso, para Olavo, os Rothschild não são judeus e até fizeram negócios com os nazistas.

Para quem estudou um pouco da estética nazista do século 20, esse texto é um excelente exemplo: conspiração judaica e negacionismo do Holocausto. Além disso, há inovações do século 21: a ideia incorporada de uma Israel imaginária e de não judeus judeus que defendem efetivamente o judaísmo, enquanto os judeus não judeus o traem e se constituem em ameaça.

Essas falas, contudo, não produziram um desembarque dos judeus do bolsonarismo, nem sequer uma denúncia do antissemitismo de Olavo. Pode-se dizer que tudo passou despercebido.

Justificativa ainda menos provável foi apresentada depois da postagem reproduzida a seguir, publicada em dezembro de 2016 na conta do Facebook de Olavo de Carvalho. Como quem testa os limites, o "filósofo" tenta ser mais explícito do que nunca, chamando os judeus de imbecis e utilizando a gramática conspiracionista típica do antissemitismo mais conhecido:

> Certos judeus espertalhões, como Karl Marx, os Rothschilds, o George Soros, fazem os demais judeus de trouxas com uma facilidade impressionante. Mas aí a explicação não pode ser linguística. Deve ser algum atavismo patriótico. Cada judeu acha que todo judeu de nascença é judeu como ele, e acredita no filho da puta como se ele fosse seu tio ou seu avô. Nunca ouviram falar da sinagoga de Satanás, "aqueles que dizem que são judeus, mas não o são".

Mais uma vez, a sinagoga de Satanás surge no texto de forma inequívoca, como a demanda para que judeus conservadores rompam com judeus não judeus e, o que é raro de ver, o uso de Soros e Rothschild especificamente com narrativas antissemitas, sem dúvida antissemitas.

Isso tudo ocorreu em dezembro, ou seja, cinco meses antes do discurso de Bolsonaro na Hebraica do Rio de Janeiro. Vale enfatizar que, em fevereiro de 2017, haveria um evento com o pré-candidato na Hebraica de São Paulo, que seria um fechamento de um ciclo ocorrido treze anos depois. Mas ele foi cancelado depois da pressão exercida por sócios da Hebraica e por judeus progressistas do Brasil inteiro.

Não foram entidades judaicas representativas que pressionaram para que não houvesse a palestra; estas nem sequer pediram um esclarecimento a respeito das posições do candidato.

Foi a organização de milhares de judeus que viriam a formar os grupos de "judeus contra Bolsonaro" que criou um desconforto para a realização do evento.

Esse evento, no entanto, aconteceu na Hebraica do Rio, depois de todos os sinais possíveis de que se tratava de um candidato de extrema direita, que literalmente "abraçava Hitler" e que tinha um guru neofascista e antissemita.

Para o bolso-olavismo, entretanto, menos importante do que o que foi dito na palestra foi promover o ritual de racha comunitário exigido por Olavo em 2004; a violência do discurso e das reações mostrava que o sonho dele estava se realizando.

No aniversário de bar-mitzvá de sua fala, finalmente os judeus brasileiros obedeceram a Olavo. Em um ritual público de desconversão coletiva, os judeus não judeus foram expulsos do corpo comunitário, enquanto os não judeus judeus foram incluídos.

Ao contrário do que havia acontecido na ditadura, nas demandas bolsonaristas de desconversão pública, os jovens sionistas de esquerda ficaram de fora da nova comunidade. Se houvesse uma lista de subversivos, eles estariam nela.

Em abril de 2017, o projeto de Olavo de Carvalho por fim se tornou vitorioso.

Na Hebraica do Rio de Janeiro, o Olavo da Hebraica de São Paulo foi afinal escutado.

# Epílogo

Enquanto as chaminés não estiverem lá...

Nos dias seguintes à vitória de Bolsonaro nas eleições, o presidente da Hebraica do Rio de Janeiro publicou um post-desabafo em sua conta do Facebook. Em seu texto ele disse que, depois de um ano e meio de críticas e pressões, estava provado que ele havia escolhido o lado certo. Quando ninguém acreditava, dizia, ele apoiou Bolsonaro e o levou à Hebraica. Findadas as eleições, a sensação era de que ele "havia apostado no cavalo certo".

Nunca poderemos ter certeza da importância exata que a palestra da Hebraica Rio teve no processo de construção de outra imagem para Bolsonaro. Uma imagem que o afastava de suas defesas da figura de Hitler, de relativizações que ele fizera do nazismo e mesmo da diluição da imagética típica do nazismo que ele utilizara na campanha eleitoral, tal qual o slogan "Brasil acima de tudo".

É cabível suspeitar, contudo, que a bandeira de Israel e a palestra no clube judaico ajudaram a higienizar a figura de Jair Bolsonaro como um político de extrema direita.

O que se pode perceber com clareza cristalina é a presença excessiva de referências nazistas e de extrema direita na gramática do governo que ascendeu ao poder em janeiro de 2019. Provavelmente, nunca antes na história deste país, Hitler, seus seguidores e o próprio nazismo estiveram tão presentes no discurso oficial.

Em janeiro de 2020 eu estava participando de uma conferência em Israel e tive um exemplo claro disso. Estando seis horas à frente no fuso horário, abri o computador no hotel onde me hospedara, logo depois de acordar, e deparei com o secretário de Cultura reproduzindo um discurso de Joseph Goebbels (1897-1945) em uma apresentação oficial de sua secretaria.

O discurso, suas roupas e a estética, tudo remetia à fala de Goebbels sobre a importância de uma cultura patriótica. No desespero diante disso, acordei amigos e colegas para denunciar que o secretário de Cultura havia incorporado Goebbels ante toda a população.

Obviamente o exagero produziu imediata demissão. Mas restou a pergunta de como ele havia chegado até aquilo, se estava sozinho ou se se tratava de uma estratégia estética de todo o governo. As entidades judaicas não reagiram com indignação; pareciam ter se contentado com a saída do secretário.

Isso, porém, não impediu que outras referências despontassem. Na época da pandemia, a ideia de que "O trabalho liberta", frase presente na entrada de Auschwitz, era vista em várias versões de documentos que combatiam os lockdowns para evitar o espalhamento do coronavírus. Havia membros do primeiro escalão do governo fazendo uso de simbologia racista e ministros falando em "um povo, uma língua" em reuniões ministeriais.

A impressão era de que um subterrâneo nazista do bolsonarismo tomava a superfície e ocupava o discurso público do governo. Diante de nossos olhos, o nazismo ressurgia em uma estética governamental, e os grupos neonazistas apareciam em crescimento nas pesquisas sobre o tema. Segundo a verificação da ADL, o crescimento de grupos neonazistas no Brasil havia sido de mais de 300% em apenas três anos.

Nada disso pareceu incomodar setores expressivos da liderança judaica brasileira, mais preocupada com as acusações de nazismo do que com os atos nazistas em si. A campanha contra "a banalização do Holocausto" tentou impedir que denúncias sobre o nazismo se espalhassem; era como se estivessem convencidos de que o nazismo não surgiria enquanto as "chaminés não estivessem lá".

No debate público, o judeu imaginário substituiu, gradativamente, o judeu real e contraditório. Como exemplo, pode-se afirmar que a participação de alguns judeus depoentes na Comissão Parlamentar de Inquérito (CPI) sobre o combate à pandemia no Brasil, que recebeu acusações de práticas similares ao nazismo, incomodou mais do que as tais práticas similares.

Entre os depoentes, dois judeus bolsonaristas se apresentaram como membros da "civilização judaico-cristã" e não foram interpelados por ninguém; enquanto isso, a dra. Natalia Pasternak, signatária de uma carta que comparava o nazismo ao bolsonarismo, foi interpelada publicamente.

Em paralelo a tudo isso, Olavo de Carvalho, adotado como o efetivo guru do bolsonarismo, consolidava seu discurso antissemita-filossemita, sem ser acusado ou denunciado em nenhuma esfera pública ou pela comunidade judaica. Um exemplo de que seu discurso continuava a ter esse teor mesmo depois da eleição de Bolsonaro pode ser esta aula, divulgada em junho de 2021, gravada alguns meses antes de sua morte:

> Vamos pro outro extremo, os nazistas. Você vê que os projetos de Hitler foram crescendo com o tempo. Primeiro — ele era o cara que ia resolver o problema da Alemanha, tirar a Alemanha do buraco, fez algum sucesso, ganhou dinheiro, país fez indústrias etc. etc.

Daí começou, vamos dominar a França, a Rússia, aí tem uma ideia milenarista. Reich de mil anos. A própria ideia de milenarismo clássico está no Reich de mil anos.

A relativização explícita da primeira fase do nazismo, um escândalo em termos discursivos, não provocou nenhuma reação significativa. Ao contrário; passou despercebida tal como os trechos que se seguem:

> Por exemplo essa série de percalços que os judeus passaram na Renascença, isso é bom o pessoal saber, perseguição pra valer os judeus passaram na Renascença, não foi na Idade Média. O papa falava que os judeus viviam de acordo com as tradições dos seus antepassados, na Idade Média. Havia hostilidade contra os judeus, mas uma coisa que viesse da autoridade nunca houve.

No trecho anterior, também gravado em junho de 2021, Olavo relativiza o antissemitismo cristão e a Inquisição, colocando nos judeus a responsabilidade pela perseguição sofrida na modernidade, como fazia desde 2004. Mas há ainda referências claramente conspirativas em seu discurso, já em 2021, no auge das crises de popularidade do governo:

> O Gershom Scholem diz que ele foi inspirado pelo Luria, outros dizem que ele estragou tudo. No Isaac Luria ele ainda tentava articular a salvação terrestre com a tradição tradicional, ele dizia que tinha que consertar o mundo pra trazer o Messias. Mas aí o Messias vai fazer o quê? Mas ali já tinha uma perspectiva de organização política do mundo. Você imagina o povo que está todo ferrado, está chutado e diz: "Nós vamos consertar o mundo". Hoje esses caras que estão inventando essa história de nova ordem mundial também vão levar uma entortada. Todos esses projetos

milenaristas terrestrealizados dão errado, mas o milenarismo não, ele é a esperança de que Deus nos salve no milenarismo.

Apesar disso tudo, Olavo morreu sem ser considerado um filósofo antissemita e sendo apoiado por muitos setores da comunidade judaica. Sua demanda, incorporada pelo bolsonarismo, de excluir os judeus liberais do judaísmo e incluir cristãos na nova comunidade política, foi integrada por esses setores também.

É relevante notar que esse era um processo conhecido na história dos judeus no Brasil, conforme indicamos no livro. A tentativa de enterrar judeus que morreram na resistência à ditadura militar como suicidas já nos dá a pista de que esse fenômeno surgira no passado. O que ocorrera nas Hebraicas, mas principalmente no evento de 2017, foi que os limites exigidos pela extrema direita mudaram. Nesse caso, judeus liberais e sionistas de esquerda também deveriam ser excluídos. E foram assim tratados.

Este livro é apenas o início de uma reflexão; um conjunto de ensaios, baseados em uma pesquisa que venho realizando com a professora Misha Klein, da Universidade de Oklahoma, nos Estados Unidos.

Apesar de fenômenos similares serem encontrados mundo afora, onde setores da extrema direita se aproximam de elementos do judaísmo imaginário, foi apenas no Brasil que, efetivamente, a conversão e a desconversão funcionaram tão bem, uma vez que aqui os judeus não judeus foram expulsos para que não judeus judeus entrassem, com a cumplicidade de setores da comunidade judaica. O que nos faz pensar que isso tenha mais relação com a identidade política do Brasil do que propriamente com as identidades judaicas. Como Misha Klein costuma dizer, brincando, essa pesquisa prova, de forma incontestável, que os judeus brasileiros são, com efeito, brasileiros.

Por fim, devo dizer que o judaísmo diverso, contraditório e ambivalente, secular e religioso, cultural e político, liberal e conservador, ashkenazita e sefaradita, sionista e não sionista de uma só vez, aquele judaísmo com o qual tive contato na casa de meus pais na Tijuca, esse parece ser o alvo principal do bolso-olavismo.

Nesse contexto, continuar a ser judeu nas melhores tradições do humanismo judaico, promovendo debates e discordâncias, encontros e desencontros, fortalecendo as diferenças típicas da tradição judaica, é uma das formas de resistir ao fascismo brasileiro. Diante disso, o compromisso é de resistir às torpes tentativas de colonização do judaísmo empreendidas pelo fascismo tropical.

Que não nos preocupemos com o nazismo apenas quando as chaminés dos campos de extermínio começarem a fazer sombra. Evitemos que os passos para Auschwitz virem pegadas.

# Notas

## APRESENTAÇÃO [PP. 15-9]

1. Referência a judeus originários da península Ibérica que posteriormente se estabeleceram no norte da África e no Oriente Médio. No caso específico de minha mãe, na região do Levante.

2. Isaac Deutscher, *O judeu não-judeu e outros ensaios*. Trad. de Moniz Bandeira. Rio de Janeiro: Civilização Brasileira, 1970.

3. Albert Memmi, "Negritude and Judeity". *European Judaism*, v. 3, n. 2, pp. 4-12, 1968-9.

## FANTASMAS NA PORTA DA HEBRAICA [PP. 21-53]

1. Tony Judt, *Pós-guerra: Uma história da Europa desde 1945*. São Paulo: Objetiva, 2008, p. 17.

2. Paul Veyne, *Como se escreve a história*. Lisboa: Edições 70, 1987. Hayden White, *Meta-história. A imaginação histórica do século XIX*. São Paulo: Edusp, [1973] 1995.

3. Enzo Traverso, *O passado: Modos de usar*. Trad. de Tiago Avó. Lisboa: Unipop, 2012. Michael Pollak, "Memória. Esquecimento. Silenciamento". Trad. de Dora R. Flaksman. *Estudos Históricos*, Rio de Janeiro, v. 2, n. 3, 1989.

4. Ambos militantes do movimento sionista socialista Hashomer Hatzair, foram líderes dos levantes antinazistas respectivamente nos guetos de Vilna, na Lituânia, e Varsóvia, na Polônia.

5. Entidades tradicionais de estudos religiosos judaicos, muitas vezes de formação rabínica.

6. Referente à Halacha, lei religiosa judaica.

7. Líder ortodoxo europeu grandemente admirado, que viveu de 1762 a 1839.

8. Rodrigo Baumworcel, em entrevista cedida a Michel Gherman. Rio de Janeiro, ago. 2021.

9. Rabino Yossef Karo (1488-1575) — foi membro da comunidade judaica de Toledo que sofreu o édito de expulsão impetrado pelo reino espanhol. Depois de expulso da península Ibérica, estabeleceu-se em Safed, Terra de Israel, no Império Otomano, e tornou-se um dos interpretadores mais respeitados da Halacha (lei judaica).

10. Marcel Mauss, "As técnicas corporais". *Sociologia e Antropologia*. Trad. de Paulo Neves. São Paulo: Cosac Naify, 2015, pp. 397-420.

11. Fernando Catroga, *O céu da memória: Cemitério romântico e culto cívico dos mortos em Portugal (1756-1911)*. Coimbra: Minerva, 1999.

12. 6 Pasta 8 (Diversos), Dossiê nº 5 "Agremiações Israelitas no Rio de Janeiro", setor Geral (fls. 01-08), Relatório nº 3 632, Departamento Federal de Segurança Pública — Ministério da Justiça e Negócios Interiores. Arquivo Público do Estado do Rio de Janeiro.

13. Refiro-me aqui à comunicação de Bernardo Sorj — Judeus, militância e resistência à ditadura militar —, realizada no seminário *Os caminhos da resistência democrática*, organizado pelo Núcleo Interdisciplinar de Estudos Judaicos (NIEJ) da Universidade Federal do Rio de Janeiro, pelo Programa de Pós-graduação em História Social (PPGHIS/IE/UFRJ) da mesma universidade e pelo Programa de Pós-graduação em História das Ciências e da Saúde (PPGHCS/COC/Fiocruz) no Instituto de Filosofia e Ciências Sociais, também da UFRJ. Ver: Marina Lemle. "Judeus que resistiram à ditadura eram secularizados". *Blog de História, Ciências, Saúde — Manguinhos*. Disponível em: http://www.revistahcsm.coc.fiocruz.br/judeus-que-resistiram-a-ditadura-eram-secularizados/. Acesso em: 29 maio 2014.

14. David Reichhardt, *A multidão silenciosa: Vladimir Herzog, assassinado (São Paulo, 1975). Etnografia de um evento*. 2015. Dissertação (Mestrado em Antropologia Social) — Universidade Estadual de Campinas, Campinas, 2015.

15. Beatriz Kushnir, "Nem bandidos, nem heróis: os militantes judeus de esquerda mortos sob tortura no Brasil (1969-1975)". *Perfis cruzados: trajetórias e militância política no Brasil*. Rio de Janeiro: Imago, 2002, pp. 215-43.

16. Há pesquisas que indicam as relações complexas entre identidades judaicas e militância política em outros países. É o caso de Marcos Osatinsky:

assassinado em 1975 pela ditadura militar argentina, ele sofreu certo afastamento comunitário depois de morto. Mesmo aí não há sequer uma referência sobre qualquer tentativa de tratá-lo como suicida. Ver: Emmanuel Kahan e Mora González Canosa, "Identidad, política y etnicidad. La trayectoria militante de Marcos Osatinsky, fundador de las Fuerzas Armadas Revolucionarias (Argentina)". In: *Rubrica Contemporanea*, v. X, n. 19, 2021.

17. "Defensor da ditadura, Jair Bolsonaro reforça frase polêmica: 'O erro da ditadura foi torturar e não matar'". São Paulo: Jovem Pan, 8 jul. 2016. Disponível em: https://jovempan.com.br/programas/panico/defensor-da-ditadura-jair-bolsonaro-reforca-frase-polemica-o-erro-foi-torturar-e-nao-matar.html. Acesso em: 8 jun. 2022.

18. Importante lembrar que Bolsonaro havia tido, meses antes de sua fala no Rio, uma palestra cancelada na Hebraica de São Paulo. O cancelamento ocorreu depois de manifestos e pressões protagonizados por sócios do clube e membros da comunidade judaica. Disponível em: https://veja.abril.com.br/coluna/reinaldo/hebraica-sp-acerta-ao-nao-convidar-bolsonaro-judeu-sabe-por-que/.

19. Audálio Dantas. "O brasileiro Vladimir Herzog". *Cadernos Conib*, São Paulo, n. 2, p. 11-5, jan. 2014.

20. Renato Vaisbih, "Sim à dignidade humana: Entrevista com o rabino Henry Sobel". *Cadernos Conib*, São Paulo, n. 2, pp. 33-40, jan. 2014.

21. Ibid., pp. 34-5.

22. Beatriz Kushnir, "Seja marginal, seja herói". *Cadernos Conib*, São Paulo, n. 2, pp. 63-70, jan. 2014.

23. Ibid., p. 64.

24. Ibid., pp. 65-6.

25. Ibid., pp. 67-8.

26. Ibid., p. 68.

27. Idem.

28. Ao contrário do que acontecera em outras ditaduras militares latino-americanas, como o caso da argentina, onde casos de claro antissemitismo são fartamente documentados. Ver: Daniel Lvovich, *El Antisemitismo en Argentina. Una historia moderna*. Buenos Aires: Vergara, 2003.

29. Arquivo do II Exército. Documento Info nº 303. Assunto: O Judeu e o Comunismo. Pasta nº 0611. Origem: DOI/CODI/11. Ex. 00769/76. Difusão SNI/ASP, 12 fev. 1976.

30. Ibid., p. 30.

31. Ibid., p. 2.

32. Idem.

33. Texto conspirativo e antissemita que denuncia um suposto complô judaico para dominar o mundo. Surgido na Rússia do século 19, muitos creem ser a primeira publicação do antissemitismo moderno.

34. Exército, 1976, p. 2.

35. Ibid., p. 3.

36. Ibid., pp. 2-3.

37. Ibid., p. 3.

38. Idem.

39. Termo utilizado para tratar judeus que se aproximavam, na Idade Moderna, dos príncipes e da nobreza, transformando-se em altos funcionários do Estado. Alguns deles receberam inclusive títulos de nobreza pelos bons serviços prestados. Ver: Leon Poliakov, *De cristo aos judeus da corte*. Trad. de Jair Korn; J. Ginsburg. São Paulo: Perspectiva, 1979.

## JUDEUS NO BRASIL [PP. 54-76]

1. Lira Neto, *Arrancados da terra: Perseguidos pela Inquisição na península Ibérica, refugiaram-se na Holanda, ocuparam o Brasil e fizeram Nova York*. São Paulo: Companhia das Letras, 2021.

2. Anita Novinsky, Daniela Levy, Eneide Ribeiro e Lina Gorenstein, *Os judeus que construíram o Brasil*. São Paulo: Planeta do Brasil, 2015.

3. Ronaldo Vainfas, *Jerusalém colonial: Judeus portugueses no Brasil holandês*. Rio de Janeiro: Civilização Brasileira, 2010.

4. Elias J. Lourenço, *Judeus: Os povoadores do Brasil Colônia*. Rio de Janeiro: Asefe, 1995.

5. Yossef Kaplan, *Judíos nuevos en Amsterdam: Estudios sobre la historia social e intelectual del judaísmo sefardí en el siglo XVII*. Barcelona: Gedisa, 1996.

6. Jeffrey Lesser, *O Brasil e a questão judaica*. Rio de Janeiro: Imago, 1995.

7. Olavo de Carvalho talvez tenha sido um dos grandes responsáveis por essas referências. Em suas aulas, a proposta de uma agenda comum entre protestantes e católicos (e judeus) tinha em uma suposta perseguição a esses grupos um motivo importante de ativismo político.

8. Como é um país que representa a civilização judaico-cristã, o Brasil deve ser abrigo seguro para esses grupos.

9. Jair Bolsonaro, Entrevista ao programa *Roda Viva*. Jul. 2018. São Paulo: TV Cultura. Áudio (1'21"50). Disponível em: https://www.youtube.com/watch?v=IDL59dkeTio. Acesso em: 8 jun. 2022.

10. Haim Avni, *Argentina and The Jews: A history of Jewish Immigration*. Alabama: University Alabama Press, 2002.

11. Michel Gherman, "Resistência: memória da ocupação nazista na França e na Itália. Uma perspectiva comparativa acerca do uso da memória". *TOPOI: Revista de História*, v. 19, pp. 232-6, 2018.

12. Ver: "A verdadeira história de Ribi Muyal, em Manaus. *Morashá*, ed. 53, jun. 2006. Disponível em: http://www.morasha.com.br/brasil/a-verdadeira-historia- de-ribi-muyal-em-manaus.html. Acesso em: 8 jul. 2022.

13. Lesser, op. cit., p. 59.

14. A comunidade judaica utilizava o discurso de pureza para classificar as prostitutas judias e seus exploradores. A ideia de pureza servia como referência de classificação e, portanto, de separação. Entre os judeus puros e impuros havia, segundo essa perspectiva, um abismo moral. Ou, segundo Kushnir, "numa relação de conflito entre puros e impuros e dado o constrangimento que estes elementos, como se refere [Samuel] Malamud, poderiam causar, as alternativas de uma possível solução às questões do tráfico e de existência de mulheres judias prostitutas são abandonadas frente à noção de que o melhor a se fazer era uma cruzada que separasse os lados". Ver: Beatriz Kushnir, *Baile de máscaras — Mulheres judias e prostituição: As polacas e suas associações de ajuda mútua*. Rio de Janeiro: Imago, 1996, p. 89.

15. Há que notar também que as atividades de prostituição judaica na cidade determinam, ainda, a fundação de entidades judaicas brasileiras pioneiras no "auxílio às mulheres vítimas de exploração sexual". No Rio de Janeiro, esses vão ser os casos da já citada Sociedade Beneficente Israelita de Amparo aos Imigrantes (Relief), fundada em 1916, e da Sociedade das Damas Israelitas (Froein Farain), criada quatro anos mais tarde (ibid., p. 88).

16. Ibid., p. 21.

17. Ibid., p. 20

18. Lesser, op. cit., p. 29.

19. Marcos Chor Maio. *Nem Rotschild nem Trotsky: O pensamento antissemita de Gustavo Barroso*. Rio de Janeiro: Imago, 1992, p. 42.

20. Lesser, op. cit., pp. 60-2.

21. Isaac Deutscher, *Trotsky: Profeta desarmado (1921-1929)*. 2. ed. Rio de Janeiro: Civilização Brasileira, 1984, p. 26.

22. Ibid., p. 28.

23. Partido Trabalhista Geral judaico na Lituânia, na Polônia e na Rússia, geralmente chamado de Bund Partido Socialista Judaico, formado inicialmente no Império Russo e ativo entre 1897 e 1920. Em 1917, a parte polonesa do partido, que datava dos tempos em que a Polônia era um território russo, separou-se do Bund russo e criou um novo Bund polonês, que continuou a operar no país nos anos entre as duas guerras mundiais. A facção majoritária do Bund russo foi dissolvida em 1921 e incorporada ao Partido Comunista. Idishista, radicalmente antirreligioso e antissionista, o Bund foi importante referência na vida judaica europeia. O Bund polonês teve importância fundamental nos levantes do gueto de Varsóvia e da cidade de Varsóvia. Militantes do partido participaram na resistência contra o fascismo em várias partes do continente. Ver: Arlene Clemesha, *Marxismo e judaísmo: História de uma relação difícil*. São Paulo: Boitempo, Xamã, 1998.

24. Depoimento de Abraham José Schneider concedido a Michel Gherman, em dezembro de 1999.

25. Trata-se da praça Onze de Junho. Porém, "esta denominação não se referia somente à própria praça, mas também aos seus arredores (ruas Senador Eusébio e Visconde de Itaúna, que começavam na praça da República e se estendiam até as proximidades da praça da Bandeira)". Ver: Samuel Malamud, *Recordando a Praça Onze*. Rio de Janeiro: Kosmos, 1988, pp. 17-22.

26. Palavra hebraica que se refere ao Holocausto. Comumente usada, fora de Israel, desde o lançamento do monumental documentário de Claude Lanzmann, *Shoah* (1985). O significado da palavra pode ser "desastre", "cataclismo" ou "tragédia". Ela passou a substituir a ideia de Holocausto, utilizada desde os anos 1970 a partir de referências estadunidenses. Hoje, há autores que questionam ambas por estabelecerem igualmente uma perspectiva desistoricizada de compreensão dos processos ocorridos desde a chegada dos nazistas ao poder, em 1933.

27. Isaiah Yeshayahu Raffalovich nasceu em 1870 em Bogopol, na Rússia. Depois de emigrar para a Palestina, aproximou-se do sionismo. Em 1915, ele emigrou para Liverpool, na Inglaterra, onde se aproximou efetivamente do movimento nacionalista judaico. Nos anos 1920, transformou-se em representante da Idish Colonization Association no Brasil, aonde havia chegado em 1923. Aqui ele trabalhou pela imigração judaica, assim como pela formação de estruturas comunitárias. Tenta formar uma *Kehilá*, um centro comunitário de todos os judeus no país. Gherman, op. cit., p. 251.

28. Deutscher, *Trotsky: profeta desarmado*, p. 89.

29. Abba Eban, entrevista cedida a *Der Spiegel*. Alemanha, maio 1969. Disponível em: https://www.spiegel.de/politik/abba-eban-a-80c87798-0002-0001-0000-000045861330. Acesso em: 8 jun. 2022.

30. Massacre ocorrido em 1982 nos campos de refugiados palestinos de Beirute durante a invasão de Israel ao Líbano. Realizado por milícias de cristãos

maronitas, contou com a cumplicidade do Exército de Israel e com o apoio de membros do governo israelense.

31. Stefan Zweig. *Brasil, um país do futuro*. Trad. de Kristina Michahelles. Porto Alegre: L&PM, 2022.

## UM DISCURSO E OS CONVERTIDOS [PP. 77-94]

1. Jair Bolsonaro, Palestra no Clube Hebraica Rio. Rio de Janeiro, 2017. Disponível em: https://youtu.be/LPj4KyLw8Wc. Acesso em: abr. 2019.

2. Yossi Shelley (1957) tornou-se forte aliado da família Bolsonaro, transformando-se em uma espécie de embaixador bolsonarista depois de 2018.

3. Martin Niemöller, "E não sobrou ninguém". Disponível em: https://encyclopedia.ushmm.org/content/pt-br/article/martin-niemoeller-first-they-came-for-the-socialists. Acesso em: 26 jul. 2022.

## JUDEUS E A MODERNIDADE: TENSÕES E CRIATIVIDADE [PP. 95-104]

1. Michael Löwy, *Redenção e utopia: O judaísmo libertário na Europa Central*. Trad. de Paulo Neves. São Paulo: Companhia das Letras, 1998.

2. Marshall Berman, *Tudo que é sólido desmancha no ar*. Trad. de Carlos Felipe Moisés; Ana Maria L. Ioriatti. São Paulo: Companhia das Letras, 1986.

3. Hannah Arendt, *Rahel Varnhagen: A vida de uma judia alemã na época do Romantismo*. Trad. de Antônio Trânsito e Gernot Kludasch. Rio de Janeiro: Relume-Dumará, [1959] 1994.

4. Aqui faço referência à ideia de construção de uma sociedade sacerdotal vinculada, segundo o movimento tradicionalista, a uma época de ouro que deveria ser resgatada como projeto de futuro. Ver: Benjamin Teitelbaum, *Guerra pela eternidade: O retorno do tradicionalismo e a ascensão da direita populista*. Campinas: Unicamp, 2020.

## BOLSONARISMO, RACISMO E A EXTREMA DIREITA: JUDEUS COMO METÁFORA DO BRASIL [PP. 105-16]

1. Refiro-me aqui a um "giro à esquerda" produzido pela consolidação de agendas mais progressistas e transformadoras do Movimento Negro. Como foi o caso da aglutinação do Movimento Negro Unificado (MNU), cujo surgimento

decorreu de manifestações contra a violência policial nas escadarias do Theatro Municipal de São Paulo e da influência produzida pela publicação do livro do professor Abdias Nascimento *O genocídio do negro brasileiro*, no qual se afirmava o projeto de democracia racial como projeto de genocídio. Ver: Abdias Nascimento, *O genocídio do negro brasileiro: Processo de um racismo mascarado*. São Paulo: Paz e Terra, 1978.

2. Dados inequívocos sobre a entrada de alunos afrodescendentes, até então excluídos, no processo de educação universitária, podem ser analisados no seminário "Ação afirmativa: balanço das políticas nos Estados Unidos e no Brasil", organizado pela professora Rosana Heringer, da Universidade Federal do Rio de Janeiro. Disponível em: https://www.unicamp.br/unicamp/noticias/2018/09/28/acao-afirmativa-balanco-das-politicas-nos-eua-e-brasil-indica-novos-desafios. Acesso em: 8 jul. 2022.

3. Refiro-me aqui à obra de Celia Maria Marinho de Azevedo, que trata do pânico racista das elites brancas brasileiras no pós-Abolição. Ver: Celia Maria Marinho de Azevedo, *Onda negra, medo branco: O negro no imaginário das elites — século XIX*. Rio de Janeiro: Paz e Terra, 1987.

4. UOL. "Neonazistas ajudam a convocar 'ato cívico' pró-Bolsonaro em São Paulo". São Paulo: 6 abr. 2011. Disponível em: https://noticias.uol.com.br/politica/ultimas-noticias/2011/04/06/neonazistas-ajudam-a-convocar-ato-civico-pro-bolsonaro-em-sao-paulo.htm. Acesso em: 8 jun. 2022.

5. Cerca de um ano depois, no mesmo *CQC*, Bolsonaro elogia Hitler "como general" e cita perspectivas típicas do negacionismo sobre a morte dos judeus na Shoá. Disponível em: http://institutobrasilisrael.org/noticias/noticias/no-inicio-ficavamos-chocados-e-indignados. Acesso em: 8 jul. 2022.

6. Ver a entrevista de Adriana Dias a respeito de sua pesquisa em: Leandro Demori. "Pesquisadora encontra carta de Bolsonaro publicada em site neonazista em 2004". *The Intercept Brasil*, 28 jul. 2021. Disponível em: https://theintercept.com/2021/07/28/carta-bolsonaro-neonazismo/. Acesso em: 8 jul. 2022.

7. A conversão de Bolsonaro em Israel é sucedida pela manutenção de uma identificação com o catolicismo, o que nos faz imaginar que a aproximação dele com o cristianismo tem mais relação com o movimento tradicionalista nos termos de Teitelbaum do que com uma identidade confessional exclusiva e coerente.

8. Shajar Goldwaser, "Jair Bolsonaro na Hebraica mostra o racha irreconciliável entre ser esquerda e sionista". *The Intercept Brasil*, 6 abr. 2017. Disponível em: https://theintercept.com/2017/04/06/jair-bolsonaro-na-hebraica-mostra-o-racha-irreconciliavel-entre-ser-esquerda-e-sionista. Acesso em: 8 jul. 2022.

9. Thais Bilenky e Lucas Vettorazzo, "Entidade judaica condena fala de Bolsonaro em clube". *Folha de S.Paulo*, 6 abr. 2017. Disponível em: https://

www1.folha.uol.com.br/paywall/login.shtml?https://www1.folha.uol.com.br/poder/2017/04/1873049-entidade-judaica-condena-fala-de-bolsonaro-em-clube.shtml. Acesso em: 9 jul. 2022.

10. Misha Klein e Michel Gherman, "Entre 'conversos' e 'desconversos': O caso da influência da Nova Direita Brasileira sobre a comunidade judaica do Rio de Janeiro". *Estudios Sociales del Estado*, v. 5, pp. 101-15, 2019.

11. Reinaldo Azevedo, "Para Jair Bolsonaro só nasce uma mulher quando o homem fraqueja". *Veja*, São Paulo, 7 abr. 2017. Disponível em: https://veja.abril.com.br/coluna/reinaldo/para-jair-bolsonaro-so-nasce-uma-mulher-quando-o-homem-fraqueja/. Acesso em: 14 jul. 2022.

## OLAVISMO COMO BÚSSOLA [PP. 117-59]

1. Guilherme Amado, "Eduardo Bolsonaro atribuiu sucesso eleitoral do pai a Olavo de Carvalho". *O Globo*, Rio de Janeiro, 8 maio 2019. Disponível em: https://oglobo.globo.com/epoca/guilherme-amado-eduardo-bolsonaro-atribuiu-sucesso-eleitoral-do-pai-olavo-de-carvalho-23648457. Acesso em: 8 jun. 2022.

2. Michele Prado, *Tempestade ideológica: Bolsonarismo: A Alt-Right e o populismo liberal no Brasil*. São Paulo: Lux, 2021.

3. Gilberto Calil, "Olavo de Carvalho e a ascensão da extrema direita". *Argumentum*, Vitória, v. 13, n. 2, pp. 64-84, maio/ago. 2021.

4. Idem.

5. Monica Grin, *Raça: Debate público no Brasil*. Rio de Janeiro: Mauad X; Faperj, 2010. Instituto Brasil-Israel. Disponível em: http://institutobrasilisrael.org/noticias/noticias/no-inicio-ficavamos-chocados-e-indignados. Acesso em: 8 maio 2022.

6. Idem.

7. Klemens Wenzel von Metternich (1773-1859) foi um diplomata do Império Austríaco; Joseph de Maistre (1753-1821) foi um escritor e diplomata francês e René Guénon (1886-1951) foi um escritor e intelectual esotérico francês.

8. Luiz Eduardo Soares, "Sem credenciais para o debate". *Jornal do Brasil*, Rio de Janeiro, 16 dez. 1997.

9. Teitelbaum, 2020, p. 122.

10. Ibid., p. 21.

11. Ibid., p. 20.

12. Ibid., pp. 21-3.

13. Ibid., p. 23.

14. Ibid., p. 224.

15. Olavo de Carvalho, "Recado aos judeus". *O Globo*. 20 mar. 2004. Disponível em: https://olavodecarvalho.org/recado-aos-judeus/. Acesso em: 8 jun. 2022.

16. Karl Marx. *Sobre a questão judaica*. Trad. de Nélio Schneider; Wanda Caldeira Brant. São Paulo: Boitempo, 2010.

17. Louis Farrakhan (1933) é líder religioso favorável à supremacia negra. Está à frente do grupo Nation of Islam.

18. David Duke (1952) é um supremacista branco, ex-líder da Ku Klux Klan.

19. Noam Chomsky (1928), linguista, filósofo e ativista estadunidense, é considerado "o pai da linguística moderna".

20. Interessante notar que esse é o mesmo movimento feito pelos seguidores judeus de Bolsonaro a partir de 2017. No Rio e em São Paulo, o Movimento Juvenil Betar é recriado como forma de proteger jovens judeus das "ameaças da esquerda".

21. Marvin S. Antelman, *To Eliminate the Opiates*. Nova York: Zahavia, 1974, v. 1., p. 13.

22. Ibid., p. 15.

23. Ibid., pp. 16-7.

24. Zygmunt Bauman, *Modernidade líquida*. Trad. de Plínio Dentzien. Rio de Janeiro: Jorge Zahar, 1998.

25. Moishe Postone, *Antissemitismo e Nacional-Socialismo: Escritos sobre a Questão Judaica*. Trad. de Ricardo Sérgio Oliveira. Rio de Janeiro: Consequência, 2021, p. 49.

26. Ibid., p. 103.

27. Camila Rocha, *Menos Marx, mais Mises: o liberalismo e a nova direita no Brasil*. São Paulo: Todavia, 2021.

28. Apocalipse 2:9 e 3:9.

# Referências bibliográficas

AMADO, Guilherme. "Eduardo Bolsonaro atribuiu sucesso eleitoral do pai a Olavo de Carvalho". *O Globo*, Rio de Janeiro, 8 maio 2019. Disponível em: https://oglobo.globo.com/epoca/guilherme-amado/eduardo-bolsonaro-atribuiu-sucesso-eleitoral-do-pai-olavo-de-carvalho-23648457. Acesso em: 8 jun. 2022.

ANTELMAN, Marvin Stuart. *To Eliminate the Opiates*. Nova York: Zahavia, 1974, v. 1.

ARENDT, Hannah. *Rahel Varnhagen: A vida de uma judia alemã na época do Romantismo*. Trad. de Antônio Trânsito e Gernot Kludasch. Rio de Janeiro: Relume-Dumará, [1959] 1994.

ARQUIVO PÚBLICO da Cidade do Rio de Janeiro. Fundos DPS/DPPS. 6 Pasta 8 (Diversos), Dossiê nº 5 "Agremiações Israelitas no Rio de Janeiro", setor Geral (fls. 01-08), Relatório nº 3 632, Departamento Federal de Segurança Pública — Ministério da Justiça e Negócios Interiores.

A VERDADEIRA história de Ribi Muyal, em Manaus. *Morashá*, ed. 53, jun. 2006. Disponível em: http://www.morasha.com.br/brasil/a-verdadeira-historia-de- ribi-muyal-em-manaus.html. Acesso em: 8 jun. 2022.

AVNI, Haim. *Argentina and The Jews: A history of Jewish Immigration*. Alabama: University Alabama Press, 2002.

AZEVEDO, Celia Maria Marinho de. *Onda negra, medo branco: O negro no imaginário das elites — século XIX*. Rio de Janeiro: Paz e Terra, 1987.

AZEVEDO, Reinaldo. "Para Jair Bolsonaro só nasce uma mulher quando o homem fraqueja". *Veja*. São Paulo, 7 abr. 2017. Disponível em: https://veja.abril.com.br/coluna/reinaldo/para-jair-bolsonaro-so-nasce-uma-mulher-quando-o-homem-fraqueja/. Acesso em: 14 jul. 2022.

BAUMAN, Zygmunt. *Modernidade líquida*. Trad. de Plínio Dentzien. Rio de Janeiro: Jorge Zahar, 1998.

BAUMWORCEL, Rodrigo. Entrevista cedida a Michel Gherman. Rio de Janeiro, ago. 2021.

BERMAN, Marshal. *Tudo que é sólido desmancha no ar*. Trad. de Carlos Felipe Moisés; Ana Maria L. Ioriatti. São Paulo: Companhia das Letras, 1986.

BILENKY, Thais e VETTORAZZO, Lucas, "Entidade judaica condena fala de Bolsonaro em clube". *Folha de S.Paulo*, 6 abr. 2017. Disponível em: https://www1.folha.uol.com.br/paywall/login.shtml?https://www1.folha.uol.com.br/poder/2017/04/1873049-entidade-judaica-condena-fala-de-bolsonaro-em-clube.shtml. Acesso em: 9 jul. 2022.

BOLSONARO, Jair. Entrevista ao programa *Roda Viva*, jul. 2018. São Paulo: TV Cultura. 1 áudio (1'21"50). Disponível em: https://www.youtube.com/watch?v=IDL59dkeTio. Acesso em: 8 jun. 2022.

_____. Palestra no Clube Hebraica Rio. Rio de Janeiro, 2017. Disponível em: https://youtu.be/LPj4KyLw8Wc. Acesso em: abr. 2019.

CALIL, Gilberto. "Olavo de Carvalho e a ascensão da extrema direita". *Argumentum*, Vitória, v. 13, n. 2, pp. 64-84, maio/ago. 2021.

CARTOGA, Fernando. *O céu da memória: Cemitério romântico e culto cívico dos mortos em Portugal (1756-1911)*. Coimbra: Minerva, 1999.

_____. "O culto dos mortos como uma poética da ausência". *ArtCultura*, Uberlândia, v. 12, n. 20, pp. 163-82, jan./jun. 2010.

CARVALHO, Olavo de. *Certos judeus espertalhões, como Karl Marx, os Rothschilds, o George Soros, fazem os demais judeus de trouxas com uma facilidade impressionante*. 29 dez. 2016. Facebook: Olavo de Carvalho. Disponível em: https://www.facebook.com/olavo.decarvalho/posts/id08DqSnSK4a9WXnqL7v68so5XBxCkWfxDwMv962tmFrYnajpZbd8RzFemgd6XRI. Acesso em: 8 jul. 2022.

_____. Palestra *Totalitarismo islâmico: Herdeiro do comunismo e do nazismo*. São Paulo: Clube Hebraica de São Paulo, 2004. Disponível em: https://www.youtube.com/watch?v=Jn1pNm_S5ik. Acesso em: abr. 2022.

_____. *Quando houve a revolução soviética mais de 80% dos líderes comunistas eram de origem judaica*. Jun. 2010. Facebook: Olavo de Carvalho [Indisponível].

_____. *Questão judaica*. [S.l.: s.n.], [s.d.]. 1 vídeo (13'53"). Disponível em: https://www.youtube.com/watch?v=bssuONGbDuc. Acesso em: 8 jun. 2022.

_____. *Recado aos judeus*. Publicado originalmente em O Globo. 20 mar. 2004. Disponível em: https://olavodecarvalho.org/recado-aos-judeus/. Acesso em: 8 jun. 2022.

CLEMESHA, Arlene. *Marxismo e judaísmo: História de uma relação difícil*. São Paulo: Boitempo; Xamã, 1998.

CUNHA, Christina Vital da. *Oração de traficante: uma etnografia*. Rio de Janeiro: Editora Garamond/ Faperj, 2015.

_____. "Retórica da Perda nas eleições presidenciais brasileiras em 2018: religião, medos sociais e tradição em foco". *Revista Plural: Antropologías desde América Latina y el Caribe*. Ano 3, n. 6. pp. 123-49, 2020.

DEMORI, Leandro. "Pesquisadora encontra carta de Bolsonaro publicada em site neonazista em 2004". *The Intercept Brasil*, 28 jul. 2021. Disponível em: https://theintercept.com/2021/07/28/carta-bolsonaro-neonazismo/. Acesso em: abr. 2022.

DEUTSCHER, Isaac. *O judeu não judeu e outros ensaios*. Trad. de Moniz Bandeira. Rio de Janeiro: Civilização Brasileira, 1970.

_____. *Trotsky: Profeta desarmado (1921-1929)*. 2. ed. Rio de Janeiro: Civilização Brasileira, 1984.

EBAN, Abba. Entrevista concedida a *Der Spiegel*. Alemanha, maio 1969. Disponível em: https://www.spiegel.de/politik/abba-eban-a-80c87798-0002-0001-0000-000045861330. Acesso em 8 jun. 2022.

GHERMAN, Michel. *Ecos do progressismo: História e memória da esquerda judaica no Brasil dos anos 30, 40 e 50*. Rio de Janeiro: IFCS, 2000. Mimeografado.

_____. "Resistência: Memória da ocupação nazista na França e na Itália. Uma perspectiva comparativa acerca do uso da memória". *TOPOI: Revista de História*, v. 19, pp. 232-6, 2018.

GOLDBERG, Michelle. *Kingdom Coming: The Rise of Christian Nationalism*. Nova York: W. W. Norton & Company, 2007.

GOLDWASER, Shajar. "Jair Bolsonaro na Hebraica mostra o racha irreconciliável entre ser esquerda e sionista". *The Intercept Brasil*, 6 abr. 2017. Disponível em: https://theintercept.com/2017/04/06/jair-bolsonaro-na-hebraica-mostra-o-racha-irreconciliavel-entre-ser-esquerda-e-sionista/. Acesso em: 8 jun. 2022.

GRIN, Monica. *Raça: Debate público no Brasil*. Rio de Janeiro: Mauad X; Faperj, 2010.

IAVELBERG, Samuel. Entrevista cedida a Michel Gherman e David Reichardt. Rio de Janeiro, 28 set. 2020.

Instituto Brasil-Israel. Disponível em: http://institutobrasilisrael.org/noticias/noticias/no-inicio-ficavamos-chocados-e-indignados. Acesso em: 8 maio 2022.

JOVEM PAN. "Defensor da ditadura, Jair Bolsonaro reforça frase polêmica: 'O erro foi torturar e não matar'". São Paulo: Jovem Pan, 8 jul. 2016. Disponível em: https://jovempan.com.br/programas/panico/defensor-da-ditadura-jair-bolsonaro-reforca-frase-polemica-o-erro-foi-torturar-e-nao-matar.html. Acesso em: 8 jun. 2022.

JUDT, Tony. *Pós-guerra: Uma história da Europa desde 1945*. São Paulo: Objetiva, 2008.

KAHAN, Emmanuel e CANOSA, Mora G. "Identidad, política y etnicidad. La trayectoria militante de Marcos Osatinsky, fundador de las Fuerzas Armadas Revolucionarias (Argentina)". In: *Rubrica Contemporanea*, v. x, n. 19, 2021.

KAPLAN, Yossef. *Judíos nuevos en Amsterdam: Estudios sobre la historia social e intelectual del judaísmo sefardí en el siglo XVII*. Barcelona: Gedisa, 1996.

KLEIN, Misha e GHERMAN, Michel. "Entre 'conversos' e 'desconversos': O caso da influência da Nova Direita Brasileira sobre a comunidade judaica do Rio de Janeiro". *Estudios Sociales del Estado*, v. 5, pp. 101-15, 2019.

KUSHNIR, Beatriz. *Baile de máscaras: Mulheres judias e prostituição*. Rio de Janeiro: Imago, 1996.

_____. *Perfis cruzados: Trajetórias e militância política no Brasil*. Rio de Janeiro: Imago, 2002.

_____. "Seja marginal, seja herói". *Cadernos Conib*, São Paulo, n. 2, pp. 63-70, jan. 2014.

LEMLE, Marina. "Judeus que resistiram à ditadura eram secularizados". Blog de História, Ciências, Saúde – Manguinhos. Disponível em: http://www.revistahcsm.coc.fiocruz.br/judeus-que-resistiram-a-ditadura-eram-secularizados/#:~:text=Na%20mesa%2Dredonda%20%E2%80%9COs%20caminhos,isto%20%C3%A9%2C%20que%20n%C3%A3o%20seguem. Acesso em: 22 ago. 2022.

LESSER, Jeffrey. *O Brasil e a questão Judaica*. Rio de Janeiro: Imago, 1995.

LOURENÇO, Elias José. *Judeus: Os povoadores do Brasil Colônia*. Rio de Janeiro: Asefe, 1995.

LÖWY, Michael. *Redenção e utopia: O judaísmo libertário na Europa Central*. Trad. de Paulo Neves. São Paulo: Companhia das Letras, 1998.

LVOVICH, Daniel. *El Antisemitismo en Argentina. Una historia moderna*. Buenos Aires: Vergara, 2003.

MAIO, Marcos Chor. *Nem Rotschild nem Trotsky: O pensamento antissemita de Gustavo Barroso*. Rio de Janeiro: Imago, 1992.

MALAMUD, Samuel. *Recordando a praça Onze*. Rio de Janeiro: Kosmos, 1988, pp. 17-22.

MARX, Karl. *Sobre a questão judaica*. Trad. de Nélio Scheider; Wanda Caldeira Brant. São Paulo: Boitempo, 2010.

MAUSS, Marcel. *Sociologia e antropologia*. São Paulo: Cosac Naify, 2015.

MEMMI, Albert. Negritude and Judeity. *European Judaism*, v. 3, n. 2, pp. 4-12, 1968-69.

NASCIMENTO, Abdias. *O genocídio do negro brasileiro: Processo de um racismo mascarado*. São Paulo: Paz e Terra, 1978.

NETO, Lira. *Arrancados da terra: Perseguidos pela Inquisição na península Ibérica, refugiaram-se na Holanda, ocuparam o Brasil e fizeram Nova York*. São Paulo: Companhia das Letras, 2021.

NIEMÖLLER, Martin. *E não sobrou ninguém*. Disponível em: https://encyclopedia.ushmm.org/content/pt-br/article/martin-niemoeller-first-they-came-for-the-socialists. Acesso em: 26 jul. 2022.

NOVINSKY, Anita; LEVY, Daniela, RIBEIRO, Eneida e GORENSTEIN, Lina. *Os judeus que construíram o Brasil*. São Paulo: Planeta do Brasil, 2015.

PETROPOULEAS, Suzana. "Ação afirmativa: Balanço das políticas nos EUA e Brasil indica novos desafios". *Portal Unicamp*, 28 set. 2018. Disponível em: https://www.unicamp.br/unicamp/noticias/2018/09/28/acao-afirmativa-balanco-das-politicas-nos-eua-e-brasil-indica-novos-desafios. Acesso em: 8 jun. 2022.

POLIAKOV, Leon. *De Cristo aos judeus da corte. História do antissemitismo I*. Trad. de Jair Korn e J. Ginsburg. São Paulo: Perspectiva, 1979.

POLLAK, Michael. "Memória. Esquecimento. Silenciamento". Trad. de Dora R. Flaksman. *Estudos Históricos*, Rio de Janeiro, v. 2, n. 3, 1989.

PRADO, Michele. *Tempestade ideológica — Bolsonarismo: A Alt-Right e o populismo liberal no Brasil*. São Paulo: Lux, 2021.

REICHHARDT, David. C. *A multidão silenciosa: Vladimir Herzog, assassinado (São Paulo, 1975). Etnografia de um evento*. 2015. 123 f. Dissertação (Mestrado em Antropologia Social) — Instituto de Filosofia e Ciências Humanas, Universidade Estadual de Campinas, Campinas, 2015.

ROCHA, Camila. *Menos Marx, mais Mises: O liberalismo e a nova direita no Brasil*. São Paulo: Todavia, 2021.

SAID, Edward W. *Orientalismo: O Oriente como invenção do Ocidente*. São Paulo: Companhia das Letras, 2007.

SANTOS, Norma Breda dos; UZIEL, Eduardo. "Forty Years of the United Nations General Assembly Resolution 3379 on Zionism and Racism: The Brazilian

Vote as an instance of United States — Brazil Relations". *Revista Brasileira de Política Internacional*, v. 58, pp. 80-97, 2015.

SCHNEIDER, Abraham José. Entrevista cedida a Michel Gherman. Rio de Janeiro, abr. 1999.

SHOLEM, Gershon. *Jewish Gnosticism, Merkabah Mysticism and the Talmudic Tradition*. Nova York: The Jewish Theological Seminary, 1960.

_____. *Sabatai Tzvi: O messias místico*. São Paulo: Perspectiva, 1973.

SORJ, B. *Judaísmo para todos*. Rio de Janeiro: Civilização Brasileira, 2010.

TEITELBAUM, Benjamin R. *Guerra pela eternidade: O retorno do tradicionalismo e a ascensão da direita populista*. Campinas: Unicamp, 2020.

TRAVERSO, Enzo. *O passado: Modos de usar*. Trad. de Tiago Avó. Lisboa: Unipop, 2012.

UNITED STATES Holocaust Memorial Museum. Martin. *Holocaust Encyclopedia*. Disponível em: https://encyclopedia.ushmm.org/content/en/article/introduction-to-the-holocaust. Acesso em: 26 jul. 2022.

UOL. "Neonazistas ajudam a convocar 'ato cívico' pró-Bolsonaro em São Paulo". São Paulo: 6 abr. 2011. Disponível em: https://noticias.uol.com.br/politica/ultimas-noticias/2011/04/06/neonazistas-ajudam-a-convocar-ato-civico-pro-bolsonaro-em-sao-paulo.htm. Acesso em: 8 jun. 2022.

VAINFAS, Ronaldo. *Jerusalém colonial: Judeus portugueses no Brasil holandês*. Rio de Janeiro: Civilização Brasileira, 2010.

VAISBIH, Renato. "Sim à dignidade humana: Entrevista com o rabino Henry Sobel". *Cadernos Conib*, São Paulo, n. 2, pp. 33-40, jan. 2014.

VEYNE, Paul. *Como se escreve a história*. Lisboa: Edições 70, 1987.

WHITE, Hayden. *Meta-história. A imaginação histórica do século XIX*. São Paulo: Edusp, [1973] 1995.

# Índice remissivo

ALN (Ação Libertadora Nacional, grupo de extrema esquerda), 47
Altmann, Lotte, 75
Anielewicz, Mordechai, 27
Antelman, rabino Marvin S., 128-9, 140, 141-50; compara judeus liberais a antissemitas, 146-8; judaísmo imaginário, 148; modernidade liberal como ameaça, 147-8; e a suposta conspiração judaica, 142-3
antissemitismo, 72-3, 93, 107, 146, 148; na Europa dos anos 1920, 68
antissionismo, 73-4
Araguaia, guerrilha do, 38
Arendt, Hannah, 97-8, 102, 138
*Arrancados da terra* (Lira Neto), 54
Associação Beneficente Funerária e Religiosa Israelita (ABFRI), 63
Ato Institucional Número 5 (AI-5), 37
Avineri, Shlomo, 100
Avni, Haim, 60, 64

Bauman, Zygmunt, 146; sobre judeus e antissemitas, 147
Baumworcel, rabino Rodrigo, 28
Berman, Marshall, 95
Betar (grupo de direita sionista), 142

Biblioteca Scholem Aleichem (BIBSA), 70
Birman, Joel, 121-2
Bnei Akiva (movimento sionista religioso), 16, 100, 102, 142
bolsonarismo, 19, 91-3, 104, 110-3, 116, 125-7, 135, 141, 153, 155-7, 161-2, 164; empatia pelos judeus, 103; escravidão relativizada pelo, 103; indígenas ignorados pelo, 103; judaísmo e, 19; nascimento do, 106; Olavo de Carvalho como guru do, 119, 127, 135, 150, 153, 159, 162; semelhança com o nazismo, 107
Bolsonaro, Carlos, 155-6
Bolsonaro, Eduardo, 118
Bolsonaro, Flávio, 119
Bolsonaro, Jair: aproximação com judeus, 110-1; ascensão de, 109; ausência de confronto da comunidade judaica a, 155-6; carreira política de, 118; coerência e linearidade no discurso de, 93; conquista do eleitorado judeu, 77-8; contatos com organizações neonazistas, 108; convertido em viagem a Israel (2016), 111; desprezo pelo avanço civilizatório,

108; discurso anti-indigenista de, 89; discurso extremista de, 38, 43; discurso na ONU, 57; discurso radical como deputado, 107; eleito presidente (2018), 77, 160; judeus contrários ao discurso de, 114; sobre as minorias, 91; sobre a morte de Vladimir Herzog, 39-40, 42; nazismo marca presença no governo de, 161; Olavo de Carvalho como guru de, 118-9, 127, 135, 150, 153, 159, 162; origem italiana de, 84; palestra cancelada na Hebraica São Paulo (2017), 158; palestra na Hebraica Rio, 78-94 (citações a Israel na, 89-90; convite polêmico para, 26; como parte de um processo, 117; protesto contra a, 78-80, 86, 91; repercussões, 112-6); proposta de campos de refugiados para imigrantes, 88; proximidade de judeus com, 102; racismo de, 84-6, 107; sobre os refugiados, 87; na sessão de impeachment de Dilma Rousseff, 37, 81; slogan inspirado no nazismo, 92, 160; viagem "judaico-cristã--sionista" a Israel, 78; na visão de Olavo de Carvalho, 124; xenofobia de, 84-5

Bolsonaro, Percy Geraldo, 85

Brasil, como destino possível para os judeus europeus, 102

*Brasil, país do futuro* (Zweig), 75

Bund (partido judaico-socialista europeu), 68, 71

*Cadernos da Conib* (2014), 35, 41, 43-4

Calil, Gilberto, 119

Cardoso, Fernando Henrique, governo de, 79

Carvalho, Olavo de: e o antissemitismo, 127-9; antissemitismo de, 150-9, 162-3; apoio da comunidade judaica a, 164; ausência de confronto da comunidade judaica a, 155-6; e o bolsonarismo, 155; sobre a chegada de Lula ao poder, 126; nas comunidades do Orkut, 150; sobre a conspiração islâmica que dominaria o mundo, 130; debate com intelectuais sobre cotas raciais na imprensa (1999), 121; defesa da civilização judaico--cristã, 127-8, 139; estimula a divisão entre os judeus, 136-8, 140, 156-7; grupos no Facebook, 150; como guru do bolsonarismo, 118-9, 127, 135, 150, 153, 159, 162; como guru de grupo ultraconservador da PUC-RJ, 120-1; igualdade entre nazismo e comunismo, 131; sobre Israel, 135; sobre o judaísmo em crise, 140; e o judaísmo imaginário, 148; e os judeus, 126-41; e os judeus como criadores do capitalismo, 132; ligação entre o nazismo, o comunismo e o islamismo, 131; modernidade liberal como ameaça, 147-8; negacionismo do Holocausto, 153; e o neoantissemitismo, 131; novo antissemitismo de, 125; novo tradicionalismo de, 124; e o novo tradicionalismo brasileiro, 122-6; palestra na Hebraica São Paulo (2004), 129-41; sobre o posicionamento dos judeus na sociedade, 125; relativização do nazismo, 153-4, 163; Revolução Russa como tema nos anos 2010, 151; seguidor de Marvin Antelman, 141-50, 152; e a suposta conspiração judaica, 142, 149

Catroga, Fernando, 32

Cemitério de Inhaúma, 63

Chevra Kadisha (empresa mortuária), 36

Chomsky, Noam, 141

*Chultza Kchula* (movimentos juvenis sionistas), 26
classe média, reação às políticas progressistas dos governos de esquerda, 106
Colégio Pedro II (RJ), 101
*Columna, A* (jornal), 61
CPI da pandemia, 162
comunidade judaico-cristã de direita, 87
comunismo, 12, 31, 42, 49-53, 69, 71, 73, 82, 88, 99, 106, 119, 120, 124, 126, 129-31, 133, 137, 139, 147, 151, 153; colapso nos anos 1990, 22; judaísmo e, 49
Confederação Israelita do Brasil (Conib), 35, 74, 114; revista da *ver Cadernos da Conib*
Conferência de Durban contra o racismo (2001), 103
Congregação Israelita Paulista (CIP), 33
"conspiração judaica", 157
Corte Interamericana de Direitos Humanos, 39
cotas raciais, 103, 105
CQC (programa de TV), 107
cristofobia, 57

democracia racial, 75, 76, 79, 105-6
Deutscher, Isaac, 17, 19, 34, 67-8, 73, 99, 101-2, 135, 138; sobre ser judeu, 68
Dias, Adriana, 108
ditadura militar *ver* regime militar (1964-85)
DOI-CODI, 42
Dops, 33

Eban, Abba, 74
Escola sem Partido, 155
escravidão, 56, 58
Estados Unidos, 136
Evola, Julius, 124

fascismo, 93
Federação Israelita do Estado de São Paulo (Fisesp), 130
Federação Israelita do Estado do Rio de Janeiro (Fierj), 115
Ferreira, Joaquim Câmara, 47
Frank, Jacob, 144

genocídio indígena, 56
Gibson, Mel, 127, 129
Gil, Preta, 107
*Globo, O*, 82, 118, 120
Goebbels, Joseph, 161
Gois, Ancelmo, 82
Goldwaser, Shajar, 113-4
governos progressistas de esquerda, inclusão de minorias, 81, 103, 105
Grabois, Maurício e André, 38
Grin, Monica, 120-1
Guénon, René, 122
Guerra Franco-Prussiana (1870-71), 59

Haberkorn, Samuel, 46
Hamas, 83
Hashomer Hatzair, 33
Hasofer, Chatam, 28
Hebraica Rio: manifestação contra o convite a Bolsonaro para palestra, 25-6; palestra de Bolsonaro na, 78-94; protesto contra a palestra de Bolsonaro na, 78-80, 86, 91; repercussões da palestra de Bolsonaro na, 112-6
Hebraica São Paulo, Olavo de Carvalho na, 129-41
Herut (grupo de direita sionista), 142
Herzog, Vladimir, 27, 30, 32, 39-41, 44, 46-7, 49; Bolsonaro e a morte de, 39-40, 42; enterro de, 32; incompatibilidade entre judaísmo e comunismo e, 50; morte de, 31, 42; prisão de, 42
Hitler, Adolf, 93, 108-9, 154
Holocausto, 23, 58, 72-3, 110; negacionismo do, 157
homofobia, 93

Iavelberg, Iara, 27, 30, 46-7; exumação do corpo (2006), 48; morte de, 31
Iavelberg, Samuel, 36
imigração judaica no Brasil, 58-61, 65, 69, 71-2; e a democracia racial, 75-6; do Leste Europeu, 64; pós--guerra, 72-6; prostituição e, 62-4; razões para, 66
*Indivíduo, O* (jornal estudantil), 120-1
Inquisição, 55, 57; e a imigração de judeus no Nordeste brasileiro, 55
Instituto de Filosofia e Ciências Sociais (UFRJ), 21
Instituto Identidades do Brasil (ID_BR), 130
*Intercept Brasil, The*, 113
Irmandade Islâmica, 130
Israel, 74, 128, 136; criação de, 73; Olavo de Carvalho sobre, 135; postura dos governos de esquerda supostamente contrária a, 79

Jacob do Bandolim (Francisco Pick Bittencourt), 63
*Jewish Gnosticism, Merkabah Mysticism, and the Talmudic Tradition* [Gnosticismo judaico, misticismo Merkabah e a tradição talmúdica] (Scholem), 144
*Jornal do Brasil*, 120
Jovem Pan, rádio, 38
judaicidade, 18, 138
judaísmo, 16, 18-9, 35, 51, 55-6, 67, 69, 74, 78, 93, 95, 98-9, 102, 110, 125, 132-4, 138, 140-55, 157, 164-6; comunismo e, 49; como identidade impossível de abandonar, 68; suicídio e, 28-9; transformação ao longo dos séculos, 67; *ver também* judeus
"judaísmo imaginário", conceito de Olavo de Carvalho, 125, 148
judeidade, 15, 18-9, 35, 67, 99, 138

"judeu e o comunismo, O" (texto de autoria do Exército brasileiro), 49-53
*judeu não judeu e outros ensaios, O* (Deutscher), 101-2
judeus: história da ocupação do Brasil pelos, 54-66; histórico de perseguições, 96, 98; vítimas de perseguição no Brasil, 56; *ver também* judaísmo
Judt, Tony, 21-4, 27

Kahane, rabino Meir, 143
Kaplan, Yossef, 55
*Kehilá*, 72
Kissinger, Henry, 146
Klein, Misha, 9-13, 26, 164
*Kol Israel* (jornal), 61
Kovner, Abba, 27, 100
Kucinski, Ana Rosa, 27
Kushnir, Beatriz, 34, 44, 46

Lamarca, Carlos, 47
Lane, David, 108
Latuff, Carlos, 113
Lava Jato, operação, 109
Le Pen, Jean-Marie, 128
Legião de Sobrevivência Judaica, 143
Lênin, Vladimir, 132-3
Lesser, Jeffrey, 65
Levy, Eliezer (Major Levi), 61
Líbano, invasão israelense do, 75
Liga Antidifamação (ADL-EUA), 157, 161-2
Liga de Defesa Judaica (LDJ), 143
Lira Neto, João de, 54
Lottenberg, Fernando, 114
Lourenço, Elias, 54
Löwy, Michael, 95, 102
Lubavitch, movimento chassídico, 133-4, 152

Mais Médicos (programa federal), 106
*Mariana Godoy Entrevista* (programa de TV), 39

Marx, Karl, 132-3
Mauss, Marcel, 31-2
Mello, Ednardo d'Ávila, 42
Memmi, Albert, 18, 102, 138
Meretz (partido da esquerda sionista), 137
militantes judeus contra a ditadura militar, 34-6, 38, 44
Movimento Nacionalista Judaico, 61
movimento negro, 76, 79, 105
Movimento Paz Agora, 101
Movimento Tradicionalista, 122
movimentos juvenis sionistas, 26-7
MR-8 (grupo de extrema esquerda), 46
Muyal, rabino Emanuel, 62

nazismo, presente no discurso de Bolsonaro presidente, 161
"Negritude and Judeity" [Negritude e judeidade] (Memmi), 18
neonazismo, 107-8, 112, 155, 161-2; crescimento recente no Brasil, 161
Niemöller, Martin, 94
Novinsky, Anita, 54
Núcleo Interdisciplinar de Estudos Judaicos (UFRJ), 26

ONU, 136-7; Assembleia Geral (2021), 57; Tribunal Internacional, 137
Organização da Juventude pela Liberdade (OJL), 101
Organização para a Libertação da Palestina (OLP), 101

*Paixão de Cristo, A* (filme), 127-8
palestinos, 15, 74, 79, 82-3, 90, 100-2, 112, 130, 137
Partido Comunista (Hadash, Israel), 137
Partido Comunista (União Soviética), 133
Partido Comunista Brasileiro, judeus no, 99
Partido dos Trabalhadores (PT), 110
Partido Socialista de Israel, 100

Pasternak, Natalia, 162
Perez, David José, 61
Pick, Rachel, 63
polacas, como judias não judias, 64
Pollak, Michael, 25
Polop (organização de extrema esquerda), 47
*Pós-guerra: uma história da Europa desde 1945* (Judt), 21-4
Postone, Moishe, 148; definição concreta de judeu, 149
Primeira Guerra Mundial, 66
"professor" (militante neonazista), 155-6
*protocolos dos sábios de Sião, Os*, 51

Qutb, Sayyid, 130

*Raça: debate público no Brasil* (Grin), 120
racismo, 93, 106; no Brasil, 76; na palestra de Jair Bolsonaro na Hebraica, 84
Rafalovich, rabino Yeshayahu, 72
Rede TV!, 39
*Redenção e utopia: o judaísmo libertário na Europa Central* (Löwy), 95
regime militar (1964-85): antissemitismo do, 49; enterro de judeus como suicidas no, 27, 29-30; participação de militantes judeus na resistência ao, 34
Reichhardt, David, 34, 36
"retórica da perda", 81
Revolução Russa (1917), 66, 133
*Roda Viva* (programa de TV), 58
Rodrigues, Gaspar, 54
Rosenberg, Herry, 115
Rothschild, família, 158
Rousseff, Dilma, 82-3, 106; impeachment de, 81

*Sabatai Tzvi: O messias místico* (Scholem), 144

Sabra e Chatila, massacre de, 75
Said, Edward, 15
Schneersohn, rabino Yossef Yitschac, 133, 152
Schneider, Abraham José, 69, 71, 99
Scholem, Gershom, 143
Schreier, Chael Charles, 27, 44; tortura e morte de, 45
Schreier, Jaime, 45
Segunda Guerra Mundial, 72
Segunda Intifada, 130, 137
"Seja marginal, seja herói" (Kushnir), 44
Sharon, Ariel, 137
sinagoga de Satanás, 151, 158
sionismo, 15-6, 19, 26-7, 33, 53, 61, 66-76, 78, 89-90, 100-2, 110-1, 113, 116, 129, 137, 142, 145, 149, 156, 159, 164-5
Soares, Luiz Eduardo, 121-2
Sobel, rabino Henry: e o enterro de Herzog, 32, 43, 51; e o enterro de Iara Iavelberg, 36
*Sobre a questão judaica* (Marx), 132
socialismo, 17, 22, 24, 27, 66-9, 71, 73, 100, 130-2, 144, 146-7, 149, 156
Sociedade Brasileira dos Amigos da Universidade Hebraica de Jerusalém (SBAUHJ), 141
Sodré, Lauro, 61
Sorj, Bernardo, 34
Soros, George, 158
Supremo Conselho Rabínico da América, 145; excomunhão de Kissinger, 146

*Tamar Yona* (programa de rádio, Jerusalém), 146

Teitelbaum, Benjamin, 124
*To Eliminate the Opiate* [Para eliminar o opiáceo] (Antelman), 128-9, 140
tradicionalismo, 122-5
Traverso, Enzo, 25
Tribunal Internacional da ONU, 137
Trótski, Léon, 67, 135, 140
TV Cultura, 42
Tzvi Kuk, Abraham, 142
Tzvi, Sabatai, 144

Universidade Federal do Rio de Janeiro (UFRJ), 21
Ustra, Carlos Brilhante, 37

Vainfas, Ronaldo, 54-5
Varnhagen, Rahel, 97-9
VAR-Palmares (grupo de extrema esquerda), 45
*Veja*, 115, 120
Veyne, Paul, 24
Vital da Cunha, Christina, 81
VPR (grupo de extrema esquerda), 46

White, Hayden, 24

xenofobia, 93; na palestra de Jair Bolsonaro na Hebraica, 84

Yad Vashem, 110
Yari, Mehir, 100
Yeshivá, 28
Yom Kipur, 99

Zweig, Stefan, 75
Zwi Migdal (rede de prostituição internacional), 62-3

A marca FSC® é a garantia de que a madeira utilizada na fabricação do papel deste livro provém de florestas gerenciadas de maneira ambientalmente correta, socialmente justa e economicamente viável e de outras fontes de origem controlada.

Copyright © 2022 Michel Gherman

Todos os direitos reservados. Nenhuma parte desta obra pode ser reproduzida, arquivada ou transmitida de nenhuma forma ou por nenhum meio sem a permissão expressa e por escrito da Editora Fósforo.

**EDITORAS** Fernanda Diamant e Rita Mattar
**EDIÇÃO** Juliana de A. Rodrigues e Mariana Cardoso
**ASSISTENTE EDITORIAL** Cristiane Alves Avelar
**PREPARAÇÃO** Claudia Cantarim e Luciana Araujo Marques (prefácio)
**REVISÃO** Rosi Ribeiro e Geuid Dib Jardim
**ÍNDICE REMISSIVO** Probo Poletti
**DIREÇÃO DE ARTE** Julia Monteiro
**CAPA** Bloco Gráfico
**PROJETO GRÁFICO** Alles Blau
**EDITORAÇÃO ELETRÔNICA** Página Viva

---

Dados Internacionais de Catalogação na Publicação (CIP)
(Câmara Brasileira do Livro, SP, Brasil)

Gherman, Michel
 O não judeu judeu : A tentativa de colonização do judaísmo pelo bolsonarismo / Michel Gherman. — São Paulo : Fósforo, 2022.
 Bibliografia.
 ISBN: 978-65-84568-47-1

 1. Bolsonaro, Jair Messias, 1955- 2. Brasil — Política e governo 3. Comunidade judaica 4. Holocausto judeu 5. Identidade social I. Título.

22-122385                                                                 CDD — 305.892

---

Índice para catálogo sistemático:
1. Comunidade judaica : Bolsonarismo : Relações : Identidade social : Sociologia   305.892

Eliete Marques da Silva — Bibliotecária — CRB-8/9380

Editora Fósforo
Rua 24 de Maio, 270/276
10º andar, salas 1 e 2 — República
01041-001 — São Paulo, SP, Brasil
Tel: (11) 3224.2055
contato@fosforoeditora.com.br
www.fosforoeditora.com.br

Este livro foi composto em GT Alpina e
GT Flexa e impresso pela Ipsis em papel
Pólen Natural 80 g/m² da Suzano para a
Editora Fósforo em setembro de 2022.